Silvia C. de Fairman

TRASTORNOS EN LA COMUNICACIÓN ORAL

Fonoaudiología para docentes, estudiantes y padres

Libro esencial para la formación y actualización del docente acerca de los distintos trastornos en la comunicación oral, en sus alumnos y en sí mismo.

Viamonte 1674
1055 Buenos Aires
☎ 373-1414 (líneas rotativas) Fax (54-1) 375-0453
E-mail: magisterio@commet.com.ar
República Argentina

Colección Respuestas educativas
Serie Educación Especial

Dirección pedagógica editorial: Mabel N. Starico de Accomo
Supervisión texto: Equipo pedagógico
Diseño gráfico: Lorenzo Ficarelli
Armado: Liliana Cometta
Ilustraciones: Ana Favazza
Diseño de tapa: Oscar Sánchez Rocha

ISBN: 950-550-238-9

Segunda edición

A la memoria de quien fuera
mi mejor amigo y maestro,
el Dr. David Fairman, mi esposo.

Licenciada Silvia R. Cuschnir de Fairman

- Maestra Normal Nacional.
- Profesora Normal Nacional.
- Bachelor of Arts, EE. UU.
- Master of Arts, EE. UU.: Licenciada en Terapéutica del Lenguaje.

Ex maestra especial de grado.

Ex profesora de nivel secundario en Escuelas Normales.

Ex profesora de Fonética en el Profesorado de la Escuela Normal Nacional Superior en Lenguas Vivas John F. Kennedy.

Ex profesora de Fonoaudiología del Profesorado y el Traductorado en el Instituto Nacional Superior del Profesorado en Lenguas Vivas Juan R. Fernández. Ministerio de Educación y Justicia de la Nación.

Ex docente de The University of Texas, EE. UU.

Ex docente de la Universidad de Puerto Rico, EE. UU.

Ex docente de la Universidad de Buenos Aires, Argentina.

Ex foniatra en el servicio de ORL del Hospital Escuela Gral. Don José de San Martín, Facultad de Medicina, Universidad de Buenos Aires.

Ex foniatra en el Servicio de Prótesis y Ortopedia Maxilo Facial, Facultad de Odontología, Universidad de Buenos Aires.

Ex foniatra en The Speech and Hearing Clinic, Departament of Speech, The University of Texas, EE. UU.

Ex becaria del Institute of International Education, New York, EE. UU.

Ex visitante del British Council, Londres, Gran Bretaña.

Presenta trabajos o dicta conferencias, cursos y talleres sobre temas de Fonoaudiología conectados con la enseñanza para docentes, estudiantes de los profesorados y padres en: III Congreso de Neurología de la República Argentina, los profesorados de Escuela de Lenguas Vivas John Kennedy, Joaquín V. González, ExpoSalud del Normal N.° 5, Instituto Bernasconi, Asociación de Ex Alumnos del Profesorado en Lenguas Vivas Juan Ramón Fernández, Escuela de Recuperación N.° 21, Sindicato Argentino de Docentes Particulares SADOP (Rosario, Santa Fe), Consejo General de Educación de la Prov. del Chaco (Resistencia, Chaco), Obra Social para la Actividad Docente OSPLAD, etc.

Publica artículos sobre trastornos de la voz y de la palabra en la escuela, en revistas de educación y de fonoaudiología: *Fono-Audiológica, Novedades Educativas, Limen, Revista de Magisterio del Río de la Plata, Revista de Educación para la Libertad*, etc.

Agradecimientos

*A los que me ayudaron a sentir, pensar y aprender:
mis docentes, alumnos y pacientes*

A la **Editorial Plus Ultra** por su autorización para reproducir en el texto los siguientes poemas de la **"Serie para escuchar y para hablar"**. Directora: Ione María Artigas de Sierra.

"Arrorró para la nena", de María Alicia Domínguez.

"El arbolito Serafín", de María Hortensia Lacau (fragmento).

"Pepito se come su papa", de Clara Solovera (fragmento).

"Arroró", de Aída E. Marcuse.

Prólogo

Si bien este libro se refiere a problemas de la voz y de la palabra, no está destinado a especialistas —ya sean médicos o fonoaudiólogos— sino a docentes en ejercicio y a padres de niños en edad escolar, así como a estudiantes de los profesorados y de fonoaudiología.

Por lo tanto, no abarca el tratamiento y cura de los problemas de la comunicación oral sino, y muy especialmente, su etiología y características, con el objeto de lograr su prevención o detección precoz dentro del ámbito escolar.

Tiene una doble finalidad: 1) Ayudar al alumno en el desarrollo y dominio instrumental de uno de los saberes considerados socialmente más significativos: la comunicación oral.

2) Alertar al docente frente a determinadas patologías que normalmente desconoce y proveerlo de los recursos necesarios para ser utilizados cuando las circunstancias así lo requieran. También, y muy especialmente, capacitarlo acerca de la prevención y detección de sus propios problemas de la voz emergentes del ejercicio de su profesión, cuando desconoce las normas para su correcto manejo.

El informe mundial de la UNESCO sobre el alcance del término educación especifica que el aprendizaje no puede realizarse si no tiene lugar una buena comunicación entre docente y alumno. En pleno desarrollo de la Reforma Educativa en la Argentina, para lograr una buena comunicación es necesario capacitar al docente también en esta área.

¿De qué le sirve al maestro disfónico estar al tanto de las novedades educativas si le resulta imposible ponerlas en práctica en su aula, ya que su voz es cada vez más inaudible y su estado de salud, deficitario?

¿De qué le sirve al alumno que su maestra esté al tanto de los progresos en el campo de la educación si él padece trastornos que le impiden oír, hablar o respirar correctamente, de los que nadie —ni en el hogar ni en la escuela— se ha dado cuenta?

El contenido de este libro actualiza el conocimiento indispensable que necesita el docente acerca de los trastornos fonoaudiológicos que pueden darse en la escuela y lo capacita para actuar correctamente con respecto al alumno con problemas, sus compañeros y su núcleo familiar.

Este material se basa en mi experiencia personal durante más de treinta años en ejercicio de la docencia en todos los niveles de la enseñanza, así como en mi actuación en el área de la fonoaudiología en hospitales y universidades de la Argentina y los EE. UU.

Cabe consignar que la propuesta presentada en este libro se encuadra dentro de los lineamientos de la Reforma Educativa de la Ley Federal de Educación.(*)

Parafraseando a Segre, podemos decir que: "No ocuparse del alumno que respira, oye o habla incorrectamente es comprometer su futuro individual, social y laboral". Insistimos entonces en la necesidad de que el docente esté capacitado para saber qué hacer y qué no hacer para poder ayudarlo mejor.

(*) Título I, Art. 3, Título II, Cap. I. Art. 5, f), k), 1); Cap. II, Art. 13, c), e); Cap. III, Art. 15, b), c), d), f); Cap. V, Art. 19, b), d); Cap. VII A, Art. 28 a), b); Art. 29; Título IV, Art. 35 a), b); Cap. III Art. 46 d), I); Art. 47 d); Título X, Cap. I, Art. 53, g).

1

Anatomía y fisiología de los órganos de la fonación y de la audición

Definiciones

* El fuelle respiratorio. Pulmones. Bronquios. Tráquea. Caja torácica.
* Mecanismo de la respiración. Sus tiempos. Tipos respiratorios.
* La laringe. Cuerdas vocales. Cartílagos.
* Nociones elementales de fonética. Tono fundamental laríngeo.
* Órganos de resonancia.
* Formación de armónicas.
* Órganos de la articulación.
* Articulación de fonemas y formación de palabras.
* Aparato auditivo.
* Fisiología de la audición.

El término "Fonoaudiología" está formado por la combinación de otros dos: "Foniatría" y "Audiología".

La Foniatría (del griego "phonos": voz y "atros": tratamiento) es el conjunto de los conocimientos médicos relativos a la función vocal, sus trastornos y su tratamiento. Abarca el estudio de la voz, la palabra y el lenguaje.

La Audiología (del latín "audio": audición) (y del griego "logos": palabra) se ocupa del estudio de la audición, sus trastornos y su tratamiento.

Por lo tanto la Fonoaudiología es la ciencia que abarca el estudio y tratamiento de los problemas de la voz y de la palabra relativos a la función vocal, auditiva y también respiratoria.

La Fonoaudiología está en estrecha relación con otras materias tales como Anatomía, Fisiología, Fonética, Física, Química, Otorrinolaringología (ORL), Endocrinología, Psicología, Lingüística, Cirugía, Neurología, Electroacústica, Pedagogía, Pediatría, Kinesiología, Ortodoncia, Ortopedia, etc. En el desarrollo del texto veremos de qué manera y en qué casos se vincula la Fonoaudiología con dichas especialidades.

Para abocarnos al estudio de esta disciplina es conveniente repasar la anatomía y la fisiología de los aparatos respiratorio, fonatorio y auditivo.

Aparato fonatorio

El aparato fonatorio consta esencialmente de cuatro partes, a saber (Fig. 1):

A. El aparato respiratorio, que provee la corriente de aire necesaria para la producción de la mayor parte de los sonidos del lenguaje.
B. La laringe, que crea la energía sonora utilizada en el habla.
C. Las cavidades supraglóticas, que actúan como resonadores y en donde se produce la mayor parte de los sonidos (vocales) o de los ruidos (consonantes) utilizados en el habla.
D. Los articuladores, que modifican el sonido según el punto de contacto o de aproximación de los órganos que los constituyen.

ESQUEMA

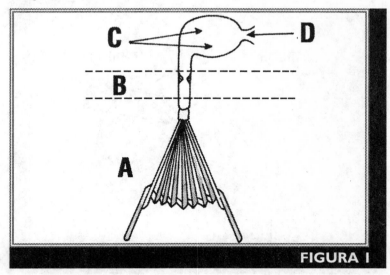

FIGURA I

A. Fuelle: aparato respiratorio
B. Vibrador: laringe
C. Sistemas de resonancia: cavidades supraglóticas
D. Articuladores

Todos estos órganos están subordinados al sistema nervioso central que, mediante el cerebro, bulbo y cerebelo, ejerce un estricto control sobre la totalidad del proceso. También el oído influye sobre la producción de sonidos, sus combinaciones, entonación, etc. los que se combinan formando el discurso. Además, y aunque indirectamente, participan otras estructuras anatómicas (Fig. 13). Por ejemplo, las glándulas de secreción interna cuyas hormonas influyen en la fonación mediante procesos de inhibición o de excitación.

Pasaremos a estudiar cada uno de los elementos del aparato fonotario propiamente dicho.

Aparato respiratorio

ESQUEMA

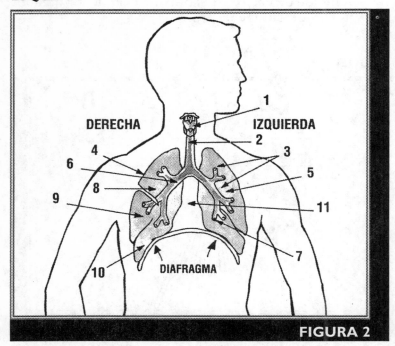

1. Laringe
2. Tráquea
3. Pulmón
4. Pleura recubriendo pulmón
5. Costillas (removidas)
6. Bronquio
7. Bronquiolo
8. Lóbulo superior del pulmón
9. Lóbulo medio del pulmón
10. Lóbulo inferior del pulmón
11. Esternón (removido)

El fuelle respiratorio está formado por el sistema broncopulmonar y por las paredes de la caja torácica. Éstas, al delimitarlo, establecen sus posibilidades de movilidad. Desde el punto de vista funcional, actúan también los músculos abdominales.

Los órganos fundamentales de la respiración son los dos pulmones. La tráquea, que se encuentra ubicada debajo de la laringe, es un tubo semirrígido situado en la porción superior del tórax y en la parte anterior del cuello. Está constituida por cartílagos en forma de C, los que al estrechar la luz traqueal dan mayor fuerza al aire espirado. La tráquea penetra en el tórax donde se bifurca en los bronquios, que se dividen repetidamente hasta terminar en microscópicas cavidades llenas de aire denominadas alvéolos pulmonares. El conjunto de los alvéolos constituye los pulmones que son vísceras pares, blandas, elásticas y muy irrigadas por venas y arterias.

Cada pulmón está envuelto en una especie de bolsa denominada pleura.

Se llama caja torácica a la cavidad en la que se encuentran ubicados los pulmones. Está limitada por las costillas a los costados, por las vértebras torácicas atrás y por el esternón adelante. El conjunto de las costillas da al tórax la forma de un embudo invertido. En cada espacio intercostal se encuentran dos músculos paralelos, largos y angostos denominados intercostales externos, de función espiratoria y los intercostales internos, de función inspiratoria.

El diafragma es un músculo impar transversal y plano que separa la cavidad torácica de la abdominal. Presenta forma de cúpula cuando está relajado, siendo por lo tanto más alto en el centro que en los bordes. Cuando está contraído se aplana, con lo que se ensancha la cavidad torácica. El diafragma se inserta firmemente sobre los elementos óseos y cartilaginosos en la abertura inferior del tórax. Es el músculo inspirador por excelencia, ya que aumenta la capacidad pulmonar en su mayor extensión. Al contraerse y consecuentemente ubicarse en un plano horizontal, los órganos que se alojan en la cavidad abdominal son desplazados hacia adelante, produciendo el abultamiento del abdomen (Fig. 3).

La pared abdominal está compuesta por músculos insertados hacia arriba en la región torácica y hacia abajo en la región pelviana. Su influencia en el proceso respiratorio del profesional de la voz es fundamental.

La capacidad total de los pulmones es de aproximadamente 5 litros y varía según la talla del individuo y las dimensiones del tórax.

No estudiaremos la respiración en su función de nutrición sino que nos referiremos específicamente a la mecánica de la respiración, o sea a la función motriz que provee el soplo necesario para la emisión del sonido.

La respiración se realiza en dos tiempos: la inspiración o toma de aire y la espiración o salida del mismo. Estos tiempos se suceden de una manera regular, rítimica, constante y normalmente inconsciente. La respiración es traquila y natural cuando no está acompañada de emisión de la voz. Cuando lo está, se alarga el período espiratorio. La respiración se encuentra bajo el control del sistema nervioso ya que un centro nervioso envía impulsos al diafragma y a los músculos intercostales. Cuando el impulso llega a los mismos, éstos se contraen provocando la inspiración, lo que hace que los pulmones se dilaten. A su vez, esta dilatación estimula los receptores de los nervios sensoriales en las paredes de los pulmones. Dichos receptores envían impulsos que inhiben al centro respiratorio, el que entonces deja de enviar señales a los músculos respiratorios. Consecuentemente, los pulmones se relajan, con lo que se produce la espiración. Esto hace que el centro respiratorio cese su función inhibitoria y recomience un nuevo ciclo, enviando nuevamente los impulsos motores (Fig. 3).

Regulación de la respiración

(ESQUEMA EXAGERADO PARA SU MEJOR COMPRENSIÓN

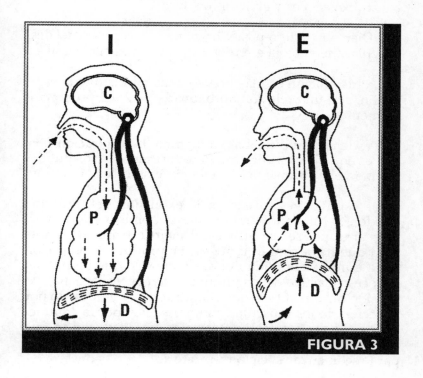

FIGURA 3

I. Inspiración: diafragma desciende al contraerse.
E. Espiración: diafragma asciende al relajarse.

     recorrido del impulso nervioso
- - - - - - - - ->   recorrido del aire
———————>   desplazamiento de diafragma, abdomen y pulmón

C: Cerebro
P: Pulmón
D: Diafragma

En el movimiento inspiratorio, la caja torácica se ensancha en 3 diámetros debido a distintos tipos de movimientos.

1. Diámetro vertical, por la contracción del diafragma que desciende.

19

2. Diámetro transversal, debido al movimiento de las costillas que se elevan alargando así los diámetros transversales y oblicuos del tórax.

3. Diámetro ántero-posterior, como consecuencia del desplazamiento del esternón por el movimiento costal.

La inspiración es más breve y más rápida que la espiración, con una relación aproximada de 2 a 3 proporcionalmente.

Desde el punto de vista foniátrico, la inspiración normal es aquella que introduce aire suficiente en los pulmones para el funcionamiento del mecanismo de la fonación.

La espiración consiste en la expulsión del aire, que puede ser utilizado también para la emisión de la voz. Este aire que se expulsa es el elemento indispensable para que haya sonido laríngeo. Se produce la relajación lenta e ininterrumpida del diafragma, lo que permite el retroceso elástico de los pulmones con la consecuente expulsión del aire. O sea que el diafragma es empujado por la acción de los músculos abdominales y por la contracción de los músculos intercostales externos, con lo que las costillas vuelven a su posición de punto de partida para recomenzar el ciclo respiratorio.

Simplificando, los pulmones actúan como un fuelle: al distenderse el aire penetra en los espacios alveolares, mientras que al relajarse el aire es expulsado. Éste es el caso de la respiración pasiva no gobernada por la voluntad (Fig. 1).

Las vías normales por las cuales el acto respiratorio produce el pasaje de aire para llegar a los pulmones y luego ser expulsado al exterior son: fosas nasales, faringe, laringe, tráquea, bronquios y pulmones. Cuando se utiliza la corriente aérea para articular los fonemas o sea para hablar, las vías fisiológicas son: pulmones, bronquios, tráquea, laringe, faringe y boca. El aire circula a través de las fosas nasales solamente cuando se articulan los sonidos nasales cuya representación gráfica son las letras M, N y

Ñ. Así como [ŋ], el sonido de "tango" en su transcripción fonética.

En la inspiración el aire debe penetrar por las fosas nasales que son la verdadera vía de acceso fisiológico.

Las fosas nasales están separadas entre sí por el tabique nasal y de la boca, por la bóveda y el velo palatino o del paladar.

Al realizarse la inspiración el aire circula a través de las fosas nasales y se pone en contacto con la mucosa pituitaria, ricamente vascularizada. Allí el aire se calienta por la acción de elementos nerviosos bien repartidos que regulan este calor. Al mismo tiempo se provoca una secreción líquida permanente: el *mucus* nasal que en estado de vapor es arrastrado por el aire en su pasaje. De manera que en las fosas nasales el aire se calienta, se humedece y al mismo tiempo se desembaraza del polvo que queda en los pelos denominados cilias vibrátiles y de los gérmenes nocivos que son eliminados por la acción bactericida de las secreciones nasales.

Por lo tanto, la nariz cumple funciones específicas de purificación o filtración, calefacción y humidificación del aire exterior en su paso a través de ella. En cambio, si se realiza la respiración bucal, estas funciones específicas no pueden cumplirse, con lo que llega el aire impuro, frío y seco al resto de la vía respiratoria.

Al hablar, la respiración se hace arrítmica, la inspiración se acorta y se realiza por la boca. La espiración se alarga. Sólo en las pausas la inspiración vuelve a ser nasal.

La alteración en el funcionamiento del diafragma produce como consecuencia defectos respiratorios que, en muchos casos, se traducen a su vez en defectos del lenguaje ya que la regularidad de la respiración depende en gran parte de su funcionamiento normal.

Cuando se inspira correctamente, la caja torácica se ensancha en todos sus diámetros. En condiciones fisiológicas normales los músculos auxiliares no intervienen en la fonación; en cambio en las inspiraciones forzadas actúan originando trastornos.

La edad, el sexo, la constitución anatómica entre otros factores, condicionan los distintos tipos respiratorios. Éstos se clasifican en:

1. Costal superior, que utiliza solamente la parte superior del tórax.

2. Clavicular, que hace que los hombros asciendan y desciendan.

3. Costoabdominal; también llamado abdominal profundo, con descenso evidente del diafragma que empuja las vísceras hacia afuera. El tipo respiratorio más adecuado para la voz hablada a un volumen superior al normal y para el canto es el costoabdominal. La inspiración origina una dilatación costoabdominal inferior mientras que los músculos auxiliares permanecen relajados. La espiración es controlada en su velocidad, ritmo y fuerza de acuerdo con las necesidades del individuo, por medio de la prensa abdominal.

Como dato ilustrativo, es interesante que ya Leonardo da Vinci estudió el mecanismo respiratorio llegando a la conclusión que sin respiración no hay voz. Estudió también los órganos fonoarticulatorios y realizó dibujos muy precisos acerca de la colocación de la lengua para la producción de algunos fonemas, detallando la interpretación fonética de estas ilustraciones.

Laringe

VISTA EN CONJUNTO DE LA LARINGE Y LA TRÁQUEA

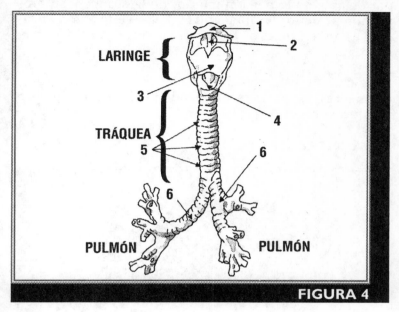

FIGURA 4

1. Hueso hioides
2. Epiglotis
3. Cartílago tiroideo
4. Cartílago cricoideo
5. Anillos
6. Bronquios

La laringe es esencial para la fonación porque es en este órgano donde se produce el sonido. Sin embargo, los sonidos serían inaudibles si no estuvieran reforzados por las cajas de resonancia, que estudiaremos más adelante. La laringe es un tubo con armazón cartilaginosa que se continúa hacia arriba en la faringe y hacia abajo en la tráquea. Es un órgano móvil e impar que se desplaza según las necesidades de sus funciones respiratorias o fonatorias, elevándose para los sonidos agudos o descendiendo para los graves. Ocupa la parte media anterior del cuello, presentando la forma de una pirámide truncada con la base hacia arriba. En la región superior limita con el hueso

hioides y la lengua, en tanto que se continúa con la tráquea en la región inferior. Está ubicada inmediatamente
por delante de la porción inferior de la faringe y su pro-
yección posterior la sitúa a nivel de las vértebras cervica-
les. Las dimensiones de la laringe varían según el sexo y la
edad.

La laringe está constituida por cartílagos, músculos,
ligamentos, membranas y un tejido mucoso que la reviste
interiormente.

VISTA DE FRENTE

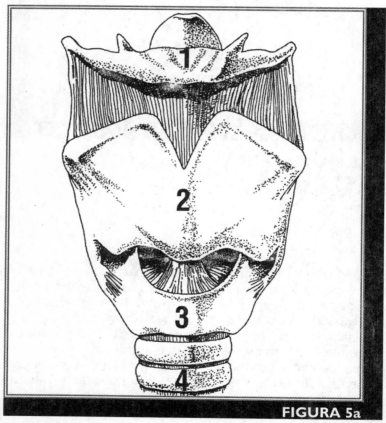

FIGURA 5a

1. Hioides
2. Tiroides

3. Cricoides
4. Tráquea

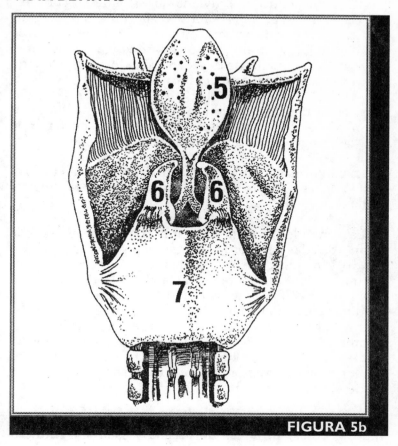

FIGURA 5b

5. Epiglotis   6. Aritenoides   7. Cricoides

Los principales cartílagos, ubicados de abajo hacia arriba son:

a) cartílago cricoides, cuyo nombre significa anillo y que une la laringe con la tráquea; tiene forma circular semejándose a un anillo de sello, ya que su parte anterior es aproximadamente cuatro veces más pequeña que la posterior. Ocupa la parte inferior de la laringe y en él tienen su apoyo los otros cartílagos.

b) El cartílago tiroides, cuyo nombre significa escudo, está formado por dos láminas o alas unidas por la parte anterior que actúan como un escudo protector de las cuerdas vocales. Se lo conoce vulgarmente como "nuez" o "manzana de Adán", siendo más acentuado en el hombre que en la mujer.

c) Los cartílegos aritenoides, cuyo nombre significa embudo, son dos; están ubicados en la parte posterior de la laringe y se apoyan en el cartílago cricoides.

La conformación interna de la laringe presenta tres zonas; la de las cuerdas vocales, llamada glótica; la superior a ella o supraglótica y la inferior o infraglótica.

La zona glótica es la más importante porque en ella están ubicadas las cuerdas o ligamentos vocales, que son cuatro y no dos. Las falsas cuerdas se encuentran por encima de las verdaderas y hasta ahora se desconoce su función específica. Las cuerdas verdaderas son el elemento esencial del aparato fonatorio ya que su vibración origina el tono fundamental laríngeo. En realidad, el nombre de cuerda es impropio ya que son labios colocados a derecha e izquierda de la línea media, constituidos por un músculo denominado tiro-aritenoideo y por un tejido elástico ligamentoso.

Las cuerdas verdaderas son dos, de color blanco nacarado, gruesas, en forma de prisma y están constituidas en toda su extensión por este fascículo muscular voluminoso. Se dirigen horizontalmente de adelante hacia atrás. Su longitud es término medio de 20 a 25 mm en el hombre y de 16 a 20 mm en la mujer. En la parte interna de la base de los aritenoides se inserta una extremidad de las cuerdas vocales, mientras que la otra está fija en el ángulo del tiroides.

La glotis es el espacio normalmente triangular circunscripto por las dos cuerdas vocales verdaderas.

ESQUEMA DE POSICIONES ADOPTADAS POR LA GLOTIS VISTA DESDE ARRIBA

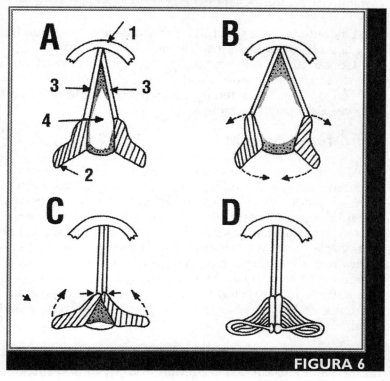

FIGURA 6

A. Respiración normal
B. Respiración profunda
C. Susurro o soplo
D. Fonación normal
- - - - -▶ Dirección del movimiento

1. Tiroides
2. Aritenoides
3. Cuerdas vocales
4. Glotis

Durante la inspiración normal la glotis permanece abierta, y para la fonación se cierra en forma de vértice hacia adentro, y adelante mientras que las cuerdas se tienden. Si el cierre en la aparente unión de las cuerdas vocales es completo, la glotis está lista para entrar en vibración. Si la porción de la glotis entre los aritenoides permanece abierta se origina la voz cuchicheada.

Resumiendo, la glotis se abre durante la inspiración y se cierra durante la fonación.

En la laringe se encuentran músculos con diferente mecanismo de acción. A saber:

1. Dilatadores, que separan las cuerdas vocales abriendo la glotis durante la inspiración.
2. Constrictores, que acercan las cuerdas vocales cerrando la glotis durante la fonación.
3. Tensores, que tienden las cuerdas vocales, lo que provee de altura al sonido.

Tono fundamental laríngeo

Al aumentar la duración e intensidad del cierre glótico crece automáticamente la presión espiratoria, produciéndose el fenómeno inverso al disminuir dicha presión. Cuando la presión espiratoria alcanza la fuerza necesaria para separar las cuerdas que están tensas y unidas, escapa una cierta cantidad de aire. Esto hace que la presión espiratoria disminuya, con lo que las cuerdas vuelven a acercarse. El sonido laríngeo producido de este modo depende de la interrupción rítmica de la columna aérea ascendente en su paso por la glotis, y se lo denomina tono fundamental laríngeo.

Para la emisión de los tonos agudos se origina un aumento en la tensión de las cuerdas vocales y consecuentemente un adelgazamiento de las mismas. Para los sonidos graves, en cambio, las cuerdas disminuyen su tensión y por lo tanto se ensanchan.

Si bien es en la laringe donde se produce el sonido, es erróneo compararla con un instrumento musical ya que, debido a su movilidad, abarca distintos mecanismos de producción que corresponderían imperfectamente a una variedad de instrumentos musicales (de cuerdas, de viento, etc.) pero nunca podrá identificarse con alguno de ellos en particular. La columna de aire puesta en oscilación por la vibración de las cuerdas vocales produce un sonido simple, el tono fundamental laríngeo que se amplifica y hace más complejo por la acción de las armónicas que se producen y refuerzan en las cavidades fijas y móviles: los resonadores.

El mecanismo de emisión no es igual para vocales y consonantes. En las vocales es lento y mantenido, mientras que en las consonantes generalmente no hay mecanismo laríngeo, o se produce un acercamiento de cuerdas brusco y de corta duración.

Los resonadores o cajas de resonancia

Éstas son las cavidades que contienen aire y en las que se agregan armónicas al tono fundamental laríngeo.

SISTEMAS RESPIRATORIO, FONATORIO Y DE RESONANCIA (ESQUEMA PARCIAL)

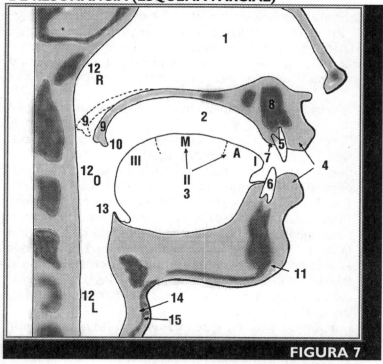

FIGURA 7

1. Cavidad nasal
2. Cavidad bucal
3. Lengua: I punta/II dorso (A parte anterior, M parte media)/III parte posterior o base
4. Labios
5. Dientes superiores
6. Dientes inferiores
7. Alvéolos
8. Paladar duro
9. Paladar blando o velo del paladar; (en negro: hacia abajo o abierto-/punteado: levantado o cerrado)
10. Úvula
11. Mandíbula
12. Faringe.
   R: rinofaringe
   O: orofaringe
   L: laringofaringe
13. Epiglotis
14. Glotis
15. Laringe

Subjetivamente el sonido consiste en la percepción de vibraciones por medio del oído, las que se registran en los centros nerviosos superiores. El sonido está formado por ondas las que, a su vez, son el resultado de la vibración. Toda vibración moviliza los cuerpos elásticos que se encuentran al paso de la onda sonora.

Si la frecuencia propia de un cuerpo es la misma que la de la vibración, este cuerpo comienza a vibrar también, produciendo el fenómeno de la resonancia. Todo cuerpo vibrante que refuerce un sonido ya existente se denomina resonador.

Durante la fonación el emisor pone en movimiento sus articuladores, proveyendo así al tono fundamental laríngeo de cavidades con formas y dimensiones diversas, con partes blandas y móviles o partes duras y fijas, las que actúan como resonadores durante el pasaje del sonido a través de éstas.

Las cavidades que intervienen en la resonancia son:

1. Porción fija que abarca la faringe nasal y las fosas nasales. Refuerza los sonidos agudos.
2. Porción móvil que corresponde a la boca. La lengua, órgano sumamente móvil, modifica la cavidad oral, siendo el más importante y activo de los resonadores. El velo del paladar se contrae constituyendo un factor sumamente importante para la resonancia. La región labial está capacitada con una enorme movilidad por la acción de sus doce músculos que actúan sobre los labios, accionando también las mejillas. En esta porción móvil todos los sonidos se ven reforzados en forma uniforme.
3. Porción muy móvil, que incluye la faringe media y la porción de la laringe por encima de la glotis. Refuerza especialmente los sonidos graves.

Las tres principales áreas de resonancia se hallan ubicadas en la faringe: nasofaringe (porción superior de la faringe conectada con la nariz), orofaringe (porción media de la faringe conectada con la boca) y laringofaringe (porción inferior de la faringe ubicada detrás de la laringe).

Además actúan en este sistema las cavidades de los senos paranasales (ubicados en el cuerpo del maxilar superior), frontales, esfenoidales y etmoidales; teniendo todos una función indirecta sobre la resonancia vocal. Asimismo la porción de la laringe por debajo de la glotis conjuntamente con tráquea, bronquios y pulmones, actúa secundariamente como resonador durante la emisión de la voz normal. En la voz hablada a un volumen medio, la resonancia es bucofaríngea.

Para sentir la vibración de nuestras cajas de resonancia procedamos así: suavemente apoyemos los dedos de una mano sucesivamente sobre el puente y los lados de la nariz, los labios, la porción anterior del cuello, las mejillas, la parte superior del cráneo o el pecho mientras emitimos el sonido cuyo símbolo es la letra "M". Si lo hemos hecho correctamente, sentiremos las vibraciones del sonido. Una resonancia facial óptima produce, como mínimo, vibraciones en la nariz y el maxilar superior.

En realidad, el sistema de resonancia y el de articulación deberían ser estudiados en forma conjunta ya que son los mismos órganos los que actúan en ambos casos y el resultado acústico es la consecuencia de esta acción recíproca. Sin embargo, por razones didácticas hemos creído conveniente presentarlos por separado.

Sistema articulatorio

Los elementos del aparato resonador articulador, al entrar en movimiento, modifican su propia forma de estado de reposo con lo que modifican también la cavidad bucal. Consecuentemente, varían los efectos acústicos del tono fundamental laríngeo. A esta posición que toman dichos órganos se la denomina articulación.

En la articulación de cualquier fonema hay órganos que entran en actividad acercándose o tocando a otros. Son los articuladores móviles, como los labios, el velo del paladar y la lengua, siendo ésta el articulador más activo. También están los articuladores pasivos como los dientes, protuberancia alveolar y paladar duro que permanecen fijos mientras los móviles se les aproximan o establecen contacto con ellos.

La lengua abarca tres áreas si la consideramos desde el punto de vista funcional.

a) La base, que es fija, se pone en contacto con la pared posterior faríngea y la úvula.

b) El dorso, que es móvil y toca el paladar duro.

c) La punta, que es sumamente móvil y puede despla zarse prácticamente en todas direcciones.

En reposo, la lengua abarca casi toda la cavidad de la boca y está en contacto con el paladar duro.

También los labios poseen una movilidad notable debido a los doce músculos que los componen.

Las funciones básicas de la lengua, labios, mandíbulas, dientes, alvéolos y paladar son mascar, chupar y tragar. Sólo en forma secundaria son también órganos articulatorios, ya que es ésta una función sobreimpuesta.

Constituye una ley biológica el hecho de que las últimas funciones en aparecer resultan las primeras en colapsar. En consecuecia, debido a que la nueva función de los componentes del aparato fonatorio apareció más tardíamente que las otras funciones del mismo durante el proceso evolutivo, ésta es menos estable que las más antiguas y primitivas. Por lo que es la primera en deteriorarse cuando se produce algún problema.

Las modificaciones que sufre la cavidad bucal debido a los cambios de posición y/o de forma de sus partes modifica también los efectos acústicos del sonido. Tanto la articulación como la resonancia pueden resultar distorsionadas cuando faltan piezas dentarias o éstas se hallan mal implantadas, así como debido al incorrecto cierre de las mandíbulas o al exceso de tensión muscular.

Fonética y fonología

Para la mejor comprensión de los temas que veremos más adelante es conveniente recordar los siguientes conceptos de Saussure: La fonética consiste en el estudio de la evolución de los sonidos. Es ciencia histórica que analiza acontecimientos y transformaciones y que se mueve en el tiempo.

En cambio la fonología está fuera del tiempo ya que el mecanismo de la articulación permanece siempre semejante a sí mismo.

La fonética es uno de los componentes esenciales de la lengua. El sistema fonológico es el cuadro de los sonidos que utiliza cada lengua, mientras que la fonación es la producción de sonidos en una lengua determinada.

El fonema representa la unidad, o sea el elemento más simple e indivisible en la percepción oral de un idioma. Es la suma de las impresiones acústicas y de los movimientos articulatorios de la unidad oída y de la unidad hablada, que se condicionan recíprocamente. La lengua española considerada en general, es decir sin las diferencias regionales de pronunciación, consta de 22 fonemas: 5 son vocálicos y 17 consonánticos.

El fonema se presenta aislado muy raramente, siendo la sílaba el elemento sonoro más significativo. Ésta consta de, por lo menos, 2 fonemas siendo siempre una vocal alguno de ellos.

Conviene recordar que el lenguaje oral no es la acumulación de sonidos aislados sino que cada uno está influido por el que lo precede y el que le sigue, o sea que en su producción los músculos no vuelven a su posición de descanso una vez emitido cada sonido, sino que continúan en actividad. Por ejemplo, mientras nos observamos en un espejo emitamos las sílabas "ji" y "ju" sucesivamente, y podremos ver la diferencia entre la producción de ambos.

Simplificando en alto grado las características, similitudes y diferencias, podemos decir que los fonemas se clasifican en vocales (sonidos) y consonantes (ruidos), con distinto mecanismo de emisión.

LA CAVIDAD BUCAL. POSICIÓN DE LENGUA Y PALADAR PARA LA EMISIÓN DE ALGUNOS SONIDOS (ESQUEMA CONVENCIONAL)

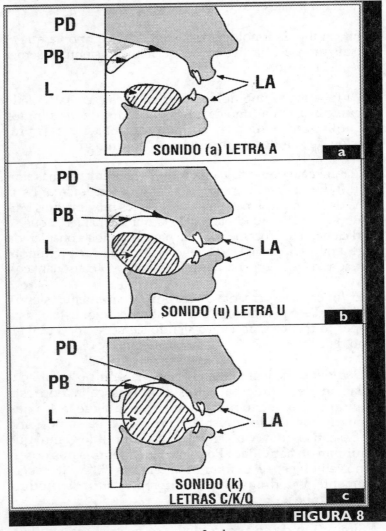

PD: paladar duro
PB: paladar blando
L: lengua
LA: labios

Las vocales se describen en términos de acústica ya que son siempre sonoras y orales (sin resonancia nasal en español). La lengua, el paladar y los labios tienen una enorme importancia en la diferenciación de las mismas, siendo la posición que adoptan los labios el elemento visible de las vocales (Fig. 8a/b). En cuanto a las cuerdas vocales, el movimiento de aducción o cierre es lento y mantenido.

Las consonantes son emitidas en su mayoría sin mecanismo laríngeo y sólo algunas requieren un acercamiento de las cuerdas vocales, que es brusco y de breve duración. Son ruidos originados por la corriente espiratoria en su canal de salida en determinados puntos más o menos estrechos. Pueden ser producidas con vibración de las cuerdas vocales (sonoras) o sin ella (áfonas o sordas), siendo estas últimas la mayoría.

Clasificación de las consonantes
(Base articulatoria del movimiento)

Hay varias clasificaciones de estos fonemas basadas en determinadas características de los mismos.

DESPLAZAMIENTO DEL PALADAR BLANDO

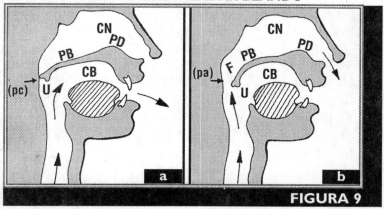

FIGURA 9

Emisión de fonema bucal	Emisión de fonema nasal
Adosado a la faringe	Separado de la faringe
CN: Cavidad nasal	CB: Cavidad bucal
PD: Paladar duro	PB: Paladar blando
F: Faringe	
pc: Paso cerrado	pa: Paso abierto

35

A continuación presentamos dos clasificaciones elaboradas por Corredera Sánchez:

I) Basada en el punto de articulación (considerando los órganos activos y pasivos que intervienen) (Fig. 7/9).
Bilabiales: P, M, B: órgano activo: el labio inferior; órgano pasivo: el labio superior.
Labiodentales: F, V; órgano activo; el labio inferior; órgano pasivo: el borde de los incisivos superiores.
Interdentales: D, Z, C, (suave); órgano activo: la punta de la lengua; órgano pasivo: el borde de los incisivos superiores.
Dentales: S, T; órgano activo: la punta de la lengua; órgano pasivo: la cara interior de los incisivos inferiores (para la s) y superiores (para la t).
Alveolares: N, L, R, RR; órgano activo: la punta de la lengua; órgano pasivo: la protuberancia alveolar.
Palatales: Ñ, CH, Y, J, G (cuando semeja la j); órgano activo: la parte anterior y media del dorso de la lengua; órgano pasivo: el paladar duro.
Velares: K, C, Q, X (como cs); órgano activo: la parte posterior del dorso de la lengua; órgano pasivo: el velo del paladar en distintos puntos (Fig. 8c).

II) Basada en el modo de articulación (Figs. 7/8c).
Oclusivas: P, T, C, K, Q; existe obstrucción total, impidiendo la salida del aire y separación del órgano activo para que se pueda producir el fonema (Fig. 8c).
Nasales: M, N, Ñ; la salida del aire se efectúa por las fosas nasales (Fig. 9b).
Fricativas: F, V, B (pronunciadas en forma similar en el habla rioplatense), S, Y, J, G. La interrupción que produce el fonema no cierra completamente el paso del aire, sino que deja un pequeño espacio por donde puede escapar, produciendo en su rozamiento un ruido más o menos fuerte. Son consonantes que se pueden prolongar tanto tiempo como dure la espiración.

Africadas: CH; en su articulación existe al principio contacto entre los órganos como si fuera oclusiva; pero después, al producirse el fonema, los órganos dejan una estrechez que permite la salida del aire suavemente. El paso de la oclusión a la estrechez es lo que caracteriza a estos fonemas.

Laterales: L, LL; el aire escapa por el espacio que queda entre el borde de la lengua y los molares, de los dos lados o de un solo lado según la costumbre individual.

Vibrantes: R, RR; el órgano activo, que es la lengua, realiza un movimiento vibratorio rápido, simple en el primer caso y múltiple en el segundo fonema.

Es conveniente tener en cuenta que también hay una clasificación de base acústica que establece que los órganos se encuentran en movimiento constante y que es posible lograr un mismo efecto acústico de distintas maneras.

Cabe consignar que para facilitar el reconocimiento de estos fonemas no hemos utilizando su representación fonética sino su representación alfabética corriente, o sea la letra que le corresponde. Por ello, conviene recordar que en realidad las letras Q, K y C corresponden prácticamente al mismo sonido. Lo mismo sucede con las letras J y G antes de las vocales I y E. Así como con las letras LL y Y en el habla rioplatense.

Cuando en la articulación de las consonantes no vibran las cuerdas vocales, o sea que no se produce sonido laríngeo, se las denomina consonantes sordas, com P, T, K. En cambio, cuando van acompañadas por sonido laríngeo, es decir, que las cuerdas vocales vibran, se las denomina consonantes sonoras, como B, D, G.

Resumen

Acabamos de estudiar someramente cada uno de los componentes del órgano de la fonación, pero es imprescindible recordar que los hemos desglosado en esta forma simplemente en función didáctica. En realidad, cada uno de sus componentes está constituyendo siempre y en forma indivisible, parte del todo.

Además, conviene tener en cuenta que el aparato vocal es estrictamente individual, tanto por su constitución física como por sus dimensiones y resistencia, así como por la propia voz que produce, que es única.

Según Segre, la fonación representa la respuesta inconsciente o voluntaria a estímulos que el mundo exterior o el propio yo hacen llegar a las más altas esferas intelectuales.

El proceso de la formación mecánica de la palabra —siempre bajo el control del sistema nervioso central— es el siguiente:

a) Inspiración nasal, apertura de la glotis, el aire llena el fuelle pulmonar.

b) Las cuerdas vocales se acercan entre sí y se tensan para poder vibrar.

c) El aire es expulsado de los pulmones, pasando por la glotis entre las cuerdas vocales en vibración. Se origina un sonido simple denominado tono fundamental laríngeo.

d) El sonido se amplifica y se hace más complejo debido a las armónicas que se producen y refuerzan en las cavidades o cajas de resonancia.

e) La columna aérea sonora o áfona en el caso de la mayoría de las consonantes, es interrumpida, fragmentada y comprimida por diferentes mecanismos de articulación hasta formar determinados fonemas: las vocales y consonantes (Figs. 7, 8, 9).

f) La rápida y bien ordenada sucesión de los diferentes movimientos de la articulación permite agrupar esta serie de fonemas en expresiones más complejas: las sílabas. Semánticamente, éstas forman las palabras que, a su vez, se agrupan en oraciones emitidas con una determinada entonación, volumen, ritmo, velocidad, melodía, etc., también bajo el control de la audición; con lo que culmina el proceso fonatorio.

Aparato auditivo

ÓRGANO DE LA AUDICIÓN

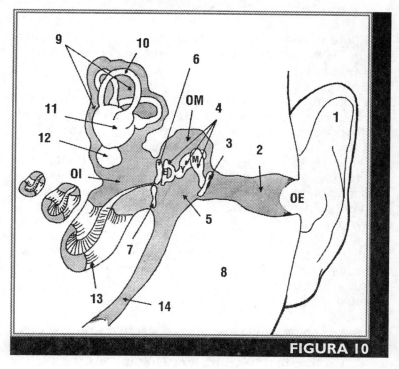

FIGURA 10

OE: oído externo
OM: oído medio
OI: oído interno — vibraciones sonoras
— energía bioeléctrica

1. Pabellón auricular
2. Conducto auditivo externo
3. Tímpano
4. Cadena osicular: (M) martillo/(Y) yunque/(E) estribo
5. Cavidad del oído medio
6. Ventana oval
7. Ventana redonda
8. Hueso temporal
9. Aparato vestibular
10. Canales semicirculares
11. Utrículo
12. Sáculo
13. Aparato coclear
14. Trompa de Eustaquio

A través del oído, que es el órgano de la audición, percibimos los sonidos con sus variables características.

El oído consta de 3 partes fundamentales: el oído externo, el oído medio y el oído interno (Fig. 10).

El **oído externo** está formado por el pabellón de la oreja y el conducto auditivo externo.

El **oído medio** está constituido por las cavidades intermedias entre el oído externo y el interno. La caja timpánica, situada en el hueso temporal, está separada del oído externo por la membrana del tímpano y se comunica con la rinofaringe por intermedio de la trompa de Eustaquio cuya función consiste en regular la presión del aire en ambas caras de la membrana timpánica. En el interior de la caja timpánica se aloja la cadena de huesecillos del oído o cadena osicular. Estos huesecillos son 3 y se denominan martillo, yunque y estribo. Se unen entre sí por medio de articulaciones. También en el oído medio están ubicadas las ventanas oval y redonda que lo comunican con el oído interno.

El oído interno es un complicado sistema de conductos y espacios que se encuentran intercomunicados, siendo el componente esencial del órgano de la audición. Desde el punto de vista funcional se puede dividir en 2 partes, el aparato coclear y el vestibular. El aparato coclear, que es un órgano receptor arrollado en espiral y sumamente complejo, está formado por el caracol o cóclea donde se aloja el órgano de Corti. Éste tiene como función transformar las vibraciones sonoras en energía bioeléctrica para ser transmitida e interpretada por el sistema nervioso. El aparato vestibular está constituido por el utrículo, el sáculo y los 3 conductos o canales semicirculares, muy relacionados con el equilibrio. Estos conductos están ubicados en ángulo recto uno respecto del otro en los 3 planos espaciales. Además, en el oído interno se encuentran los líquidos endolinfa y perilinfa.

En lo que se refiere a la fisiología de la audición, se considera indispensable poseer una buena audición para poder utilizar la voz eficazmente.

La audición abarca el siguiente proceso. El sonido, en forma de ondas acústicas, penetra por el conducto auditivo externo y choca contra la membrana del tímpano que vibra por la acción de la presión de la energía sonora, transmitiendo esta vibración a la cadena osicular en el oído medio.

El último de los huesecillos, el estribo, está apoyado en la ventana oval, la que a su vez transmite las vibraciones de la cadena osicular a los líquidos laberíticos o del oído interno denominados perilinfa y endolinfa. Estos líquidos por su parte, estimulan el órgano de Corti que actúa como trasductor de energía.

Resumen

El mecanismo de transmisión del sonido es sumamente complejo:

1. Transmisión de las ondas sonoras como tales. Es decir, transmisión de una energía puramente física de carácter vibratorio; este fenómeno tiene lugar desde la entrada del conducto auditivo externo hasta el órgano de Corti.

2. Trasducción de esta energía vibratoria en otro tipo de energía denominada bioeléctrica, que se lleva a cabo en el órgano de Corti.

3. Transmisión de la energía bioeléctrica por las vías y centros nerviosos hasta la corteza temporal en ambos hemisferios cerebrales.

Exploración de la audición

Como hemos visto, el sonido consiste en ondas originadas por vibraciones. El sonido presenta tres características, de acuerdo con las cuales varía:

1. **Intensidad o volumen**
2. **Frecuencia, tono o altura**
3. **Timbre**

La intensidad es la fuerza con que se oye el sonido. Está dada por la amplitud de las vibraciones sonoras, correspondiendo a la cantidad de energía utilizada en su emisión. La unidad de intensidad sonora es el decibel. Generalmente la gama de intensidades audibles va desde el umbral de la audición, que es la mínima cantidad de sonido que es capaz de percibir el oído, hasta el dintel o techo, que es el límite máximo de audibilidad. Esta gama de intensidades se denomina campo auditivo. A medida que se va aumentando la intensidad del sonido se produce primero una sensación molesta, luego de cosquilleo y finalmente de dolor.

El tono depende del número de vibraciones completas dobles o ciclos por segundo (c/s); o sea la cantidad de veces que el movimiento se produce por segundo. Es por ello que se lo denomina también frecuencia. Cuanto más aguda es la voz, más vibraciones necesita. En la mujer abarca entre 200 y 325 c/s; en el hombre, entre 100 y 150 c/s.

El timbre se refiere a la cantidad de armónicas componentes que tiene un sonido, o sea el tono fundamental más los múltiplos del mismo, siendo imposible medirlo. Puede ser característico entre los miembros de una misma familia (madre e hija, por ejemplo). Además permite diferenciar una misma nota musical emitida por distintos instrumentos como piano, violín, flauta, etc.

El oído humano percibe aproximadamente entre 30 c/s y 16.000 c/s. La audiometría consiste en la medición de la agudeza auditiva. Es de gran importancia para realizar el diagnóstico y pronóstico de enfermedades, la evaluación de una terapéutica determinada, la utilización del resto auditivo en la reeducación, la medición del índice de utilidad social, la prescripción de prótesis auditivas, la detección de simuladores o disimuladores, etc.

Abarca el uso de instrumental no electrónico como el diapasón, y electrónico como el audiómetro que es más utilizado por su grado de eficacia y confiabilidad. Este último es el aparato que mide la audición en cuanto a la intensidad y la frecuencia de los sonidos.

El audiograma denominado comúnmente audiometría es el estudio gráfico de la audición, la que se mide utilizando un aparato denominado audiómetro que genera tonos con distinta intensidad y frecuencia. Las intensidades que oye el paciente durante dicho examen se marcan en un sistema de coordenadas mientras que las frecuencias, en uno de abscisas dentro de un gráfico estándar confeccionado a tal efecto. En éste se marcan los signos correspondientes al oído derecho y al oído izquierdo para las vías aéreas (transmisión del sonido a través del aire) y ósea (transmisión del sonido a través de los huesos del cráneo).

Si bien la percepción auditiva consiste en el conocimiento de un fenómeno acústico externo, conviene recordar que una cosa es oír y otra es comprender lo oído. O sea que el simple fenómeno auditivo externo debe transformarse de objetivo en subjetivo; de ser solamente físico pasa a ser psíquico también.

Para que se lleve a cabo una percepción acústica o sea para poder oír, deben darse ciertos elementos fundamentales, a saber:

1. Integridad anatómico-funcional del oído, sus vías y sus áreas cerebrales de asociación: elemento físico.

2. Atención en actividad: elemento psíquico.

3. Desarrollo mental adecuado: elemento madurativo.

4. Tener el deseo de oír: elemento afectivo-volitivo.

Si se dan estas cuatro características podemos decir que el individuo normal oye.

2

El lenguaje y la comunicación

* Habla. Lengua. Lenguaje.
* La comunicación.
* Transmisión del lenguaje hablado.
* Desarrollo del lenguaje en el niño. Etapas.
* Características.
* Factores que influyen.

¿Qué es el lenguaje?

Si lo definimos de manera general, diremos que es la capacidad de comunicación. Implica la posibilidad de operar en un plano superior mediante conceptos, abstracciones y generalizaciones; utilizar la memoria lógica, el razonamiento y el juicio; aplicar la imaginación creativa y resolver situaciones en un plano puramente abstracto; operar con símbolos (números, letras códigos); descubrir, deducir, inventar, especular, etc. Su desarrollo está ligado a la evolución neuropsicológica y su elaboración es progresiva, siguiendo procesos muy complejos que todavía no están totalmente dilucidados. Los mismos dependen del grado de maduración y de la fisiología del organismo por una parte, y del ambiente socio cultural, por la otra.

El lenguaje es una conducta de comunicación simbólica sumamente diferenciada. Para adquirir un desarrollo normal necesita de un conjunto de órganos con suficiente capacidad para poder:

1. Registrar información externa e interna.
2. Procesar dicha información.
3. Conservar este registro para poder volver a utilizar esta información en una futura situación idéntica.

4. Producir una respuesta motora de acuerdo con el estímulo procedente de dicha información.
5. Registrar el éxito o fracaso de la acción motora.
6. Transformar y procesar este registro.
7. Acumular los registros disponibles.

El lenguaje es un proceso sumamente complejo sobre el que aún se sigue discutiendo en lo que respecta a su origen, evolución, desarrollo y alcances. Es el conjunto de la lengua y el habla.

¿Qué se entiende por estos términos?

Saussure, cuyos conceptos son fundamentales en lingüística, expresa que lo natural al hombre no es precisamente el lenguaje hablado, sino la facultad de elaborar una lengua.

La lengua está constituida por un sistema de signos distintos que corresponden a ideas distintas.

A su vez el signo establece la relación entre un concepto (lo que pensamos) y una imagen acústica (lo que decimos) pero no es la denominación de cosa alguna. Esto explica por qué la lengua no es una nomenclatura. Saussure denomina al concepto "significado" y a la imagen acústica "significante", que representa así:

Ambos constituyen una unidad (la elipse) y se establece una relación de reciprocidad (las flechas). Este esquema,tomado de Saussure, es la representación gráfica del concepto de signo lingüístico. Para Saussure los signos se combinan y forman una cadena cuyos elementos se encuentran en una relación de mutua correspondencia y solidaridad. Esta cadena a su vez constituye la lengua.

La lengua se refiere a hechos psico-sociales exteriores al individuo sobre el que actúan las presiones de la conciencia colectiva. Es común a todos los individuos de una comunidad determinada, por lo que es un hecho social. son lenguas el español, inglés, chino, etc. O sea, que la lengua es el sistema común de comunicación que poseen todos los hablantes del español, o del inglés o del chino.

La lengua es flexible y versátil, pudiendo variar en el espacio, el tiempo y los hablantes. Es un sistema formal autónomo respecto de la naturaleza auditiva o acústica, conceptual, psicológica u objetal de las sustancias organizadas por ella.

Dice Amado Alonso que la lengua es un sistema de representaciones convencionales utilizado por una comunidad. Por lo tanto, está condicionada por la sociedad que le da vida en función de sus propias necesidades.

La lengua no puede confundirse con el lenguaje porque forma parte de él, ni tampoco puede confundirse con el habla.

El habla es el uso de la lengua que hace cada individuo con miras a la comunicación. O sea, que es la utilización de la lengua por sus hablantes.

Constituye la expresión oral de la lengua y el lenguaje. Es un acto inteligente y voluntario en el que conviene distinguir:

a. La combinaciones por las que el sujeto hablante utiliza el código de la lengua para expresar su sentimiento personal.

b. El mecanismo psico-físico que le permite al sujeto exteriorizar dichas combinaciones.

El habla comprende combinaciones individuales dependientes de la voluntad de los hablantes y actos de fonación igualmente voluntarios que son necesarios para ejecutar tales combinaciones.

La lengua es necesaria para que el habla sea inteligible, pero a su vez el habla es necesaria para que la lengua se establezca.

La lengua es social mientras que el habla es individual. La lengua es abstracta y colectiva mientras que el habla es concreta e individual.

Según Loprete, el lenguaje humano es la expresión de ideas por medio de sonidos combinados en palabras y de las palabras en oraciones. Esta combinación se corresponde con una equivalente combinación de pensamientos. Dice Saussure que el lenguaje tiene un aspecto individual y otro social y que no es posible concebir el uno sin el otro.

El lenguaje, que es un hecho social y colectivo, presenta características físicas, psíquicas y fisiológicas.

Este sistema lingüístico le permite al individuo, tanto en su calidad de emisor como de receptor, funcionar dentro de su grupo cultural y social, expresar sus sentimientos, emociones y demás contenidos psíquicos e influir en la actividad de los demás.

Según Quirós, el lenguaje es un fenómeno cultural y social que permite, a través de signos y símbolos adquiridos, la comunicación con los demás y con nosotros mismos, que se halla instalado sobre funciones neurológicas y psíquicas suficientemente desarrolladas. Estos símbolos se utilizan para generar respuestas específicas de pensamientos, sentimientos y acciones.

Por medio del lenguaje el ser humano interactúa consigo mismo y con sus semejantes. De este modo el lenguaje adquiere el valor de instrumento de comunicación no sólo dentro del tiempo presente sino también con el pasado y el futuro.

Es un hecho social, por lo que necesita por lo menos de un hablante o emisor y de un oyente o receptor. Consecuentemente es un hecho psico-social y también psico-individual ya que también está integrado por un codificador y un decodificador, así como por una intención y un efecto. El hablante reduce su pensamiento a un conjunto de signos lingüísticos, o sea, codifica. El oyente los percibe e interpreta, o sea, decodifica.

Jakobson explica su concepción del lenguaje. Estima que el hablante o emisor tiene una función emotiva, mientras que el oyente o receptor tiene una conativa. Cuando el emisor envía un mensaje al receptor, para ser operativo este mensaje requiere: un código común al emisor y al receptor, un contexto de referencia que es captable por el receptor, un contacto o canal físico de transmisión y una conexión psicológica entre el emisor y el receptor, lo que permite a ambos ponerse en comunicación y permanecer en ella. Tratamos de graficar la idea de Jakobson así:

EL MARCO DEL LENGUAJE

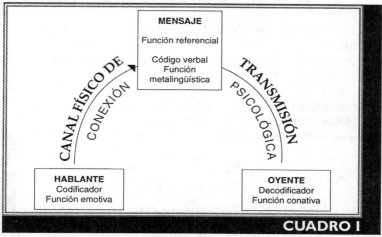

CUADRO I

El proceso del lenguaje en el ser humano no puede encontrarse en otros animales aunque éstos posean un aparato fonatorio similar al humano, como es el caso de ciertos antropoides, o utilicen un sistema de comunicación altamente desarrollado, como los delfines. Hasta el momento actual no ha sido posible establecer la existencia de animales que, aunque rudimentariamente, puedan utilizar un modo de expresarse que comparta las características y funciones del lenguaje humano. El lenguaje en el hombre produce un sustituto de la experiencia individual o colectiva que puede ser transmitida en el tiempo y en el espacio y cuyo contenido no tiene límites. Dicen Elía y Vivaldi que en el ser humano el lenguaje es no solamente comunicación simbólica sino también la identificación de dicha comunicación con el pensamiento y la posibilidad de formular ese sistema simbólico-lingüístico libre y voluntariamente.

Expresa Camps que aprender a hablar es aprender a comportarse como un ser humano, o sea, sujetarse a reglas no sólo gramaticales y semánticas sino también psicológicas, epistemológicas, lógicas, pragmáticas y socio-culturales.

Saussure dice que el lenguaje está constituido por elementos heterogéneos y que está suspendido entre lo físico (el sonido y su transmisión sonora), lo fisiológico (utiliza el aparato fonatorio) y lo psíquico (transmite conceptos).

La naturaleza multifacética del lenguaje es el objeto del estudio de varias ciencias, tales como psicología, fisiología, antropología, gramática, filología, fonoaudiología, etcétera (Cuadro II).

PRINCIPALES DISCIPLINAS CONECTADAS CON LA COMUNICACIÓN ORAL

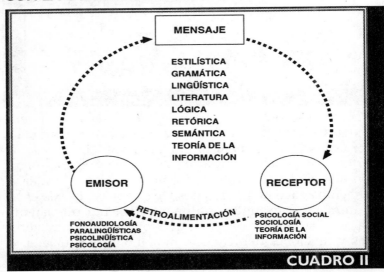

CUADRO II

El lenguaje es el resultado del movimiento voluntario mejor coordinado y más complejo de todos los realizados por el hombre (Cuadros III y IV).

El habla, la lengua y el lenguaje son tipos específicos de comunicación que, como ya hemos visto, pertenecen exclusivamente a los seres humanos.

La relación entre lenguaje y pensamiento presenta en la actualidad tres orientaciones principales, a saber:

1. El lenguaje depende del pensamiento, según Piaget. Éste lo considera como una más de las funciones superiores del ser humano.

2. Son las formas de la lengua las que determinan las formas del pensamiento, según Chomsky. Se deduce de ello que a cada lengua le corresponde una imagen específica del universo.

3. El pensamiento es el fruto de una interiorización progresiva del lenguaje, según Vigotsky. O sea, que considera al lenguaje como la base material del pensamiento.

PROCESO DE LA COMUNICACIÓN ORAL

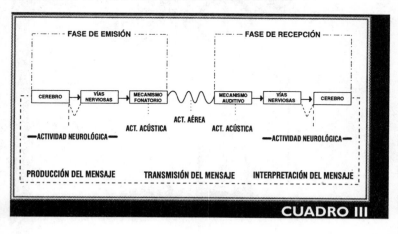

53

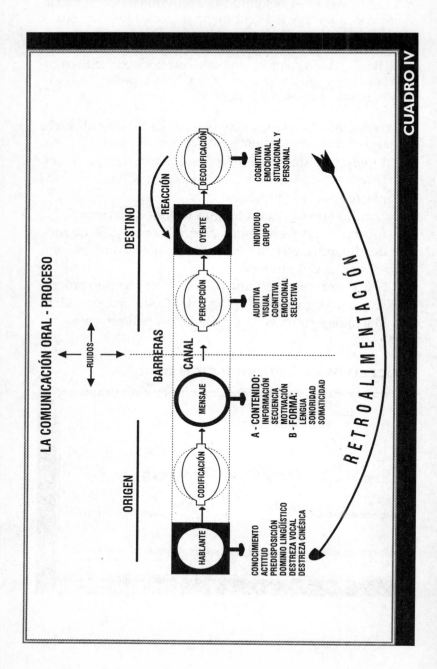

CUADRO IV

LA COMUNICACIÓN ORAL - PROCESO

ORIGEN — DESTINO

RUIDOS

BARRERAS

CANAL

HABLANTE — CODIFICACIÓN — MENSAJE — PERCEPCIÓN — OYENTE — DECODIFICACIÓN

REACCIÓN

RETROALIMENTACIÓN

HABLANTE:
CONOCIMIENTO
ACTITUD
PREDISPOSICIÓN
DOMINIO LINGÜÍSTICO
DESTREZA VOCAL
DESTREZA CINÉSICA

MENSAJE:
A - CONTENIDO:
INFORMACIÓN
SECUENCIA
MOTIVACIÓN
B - FORMA:
LENGUA
SONORIDAD
SOMATICIDAD

PERCEPCIÓN:
AUDITIVA
VISUAL
COGNITIVA
EMOCIONAL
SELECTIVA

OYENTE:
INDIVIDUO
GRUPO

DECODIFICACIÓN:
COGNITIVA
EMOCIONAL
SITUACIONAL Y
PERSONAL

Circuito de la palabra

La transmisión de un mensaje se hace mediante el circuito de la palabra, que necesita un mínimo de dos interlocutores —un emisor y un receptor— cuyos roles son intercambiables.

El punto de partida del circuito está en el cerebro de uno de los dos interlocutores. En éste se localizan los hechos de la conciencia o conceptos, que se hallan asociados con las representaciones de los signos lingüísticos o imágenes acústicas que se utilizan para la expresión de los mismos. Un concepto cualquiera que el emisor quiera transmitir desencadena en su cerebro una imagen acústica determinada, la que mediante las vías nerviosas se transmite a los órganos de la fonación como impulso correlativo a dicha imagen. A continuación, las ondas sonoras que emite el aparato fonatorio se propagan de la boca del emisor al oído del receptor de donde son transmitidas al cerebro. Seguidamente, el circuito se continúa en sentido inverso y así sucesivamente en el caso de una conversación.

Mediante el cuadro adaptado de FRY hemos tratado de aclarar estos conceptos de la transmisión del mensaje oral (Cuadro IV).

Este proceso utiliza diversos contenidos, a saber:

A. Contenido físico: ondas sonoras.

B. Contenidos fisiológicos: fonación y audición.

C. Contenidos psíquicos: conceptos e imágenes verbales que se codifican y decodifican en el cerebro.

Desarrollo del lenguaje oral en el niño

El lenguaje oral es uno de los posibles mecanismos mediante el que se concreta la competencia lingüística. Todos los idiomas sin excepción se basan en los mismos principios de semántica, sintaxis y fonología. Todos tienen palabras para indicar relación, objetos, sentimientos, acciones y cualidades. Además, en todos intervienen por igual la audición, la vista, el tacto y el sentido muscular. Por todo esto, no es necesario referirse específicamente a un determinado idioma.

La evolución del sistema nervioso central condiciona y permite la adquisición del lenguaje que es una actividad sumamente compleja y heterogénea en sus componentes, de los cuales algunos son aportados por el ambiente y difícilmente disociables del conjunto del desarrollo.

El niño no aprende sonidos en sí, sino que, tomando como base los sonidos que oye en el discurso de los adultos, va intuitivamente desarrollando hipótesis sobre el valor lingüístico de los segmentos sonoros que oye.

Jakobson expresa que todos los seres humanos están dotados en forma innata de las bases de las unidades que componen los sonidos del lenguaje. Cada lengua constituye un subgrupo y los niños normales poseen el conocimiento de la totalidad.

La adquisición de una lengua determinada origina una activación de las características específicas de esa lengua.

A medida que el niño madura, va olvidando aquellos elementos de la totalidad que no corresponden a esa lengua.

Antes de 1940 se pensaba que el desarrollo de la competencia fonológica era un simple mecanismo de aprendizaje basado en imitación y esfuerzo. Dice Behares que actualmente la psicolingüística considera al niño como generador de estrategias e hipótesis que se basan en posibilidades cognitivas biológicamente determinadas para adquirir la lengua del grupo en el que vive. Además, el niño lleva a cabo una constante experimentación sobre el lenguaje que percibe. O sea, que el niño normal desarrolla por sí mismo su capacidad fonológica perceptivo-articulatoria basándose inconscientemente en la lengua que su entorno lo provee. Obviamente no es necesario que el niño aprenda uno por uno los sonidos de la lengua, sino que desarrolle los mecanismos psicofísicos innatos para percibirlos y articularlos de acuerdo con las necesidades de comunicación diaria.

Las distintas etapas por las que pasa un niño normal hasta los 18 meses aproximadamente son muy similares a las de cualquier otro en cualquier país debido al hecho de pertenecer ambos a la especie humana; pero más allá de esta etapa, el lenguaje oral es ya en gran parte producto del ambiente. Señalamos esta edad porque es a partir de ella aproximadamente que el niño pasa de la etapa prelingüística a la etapa lingüística. Esto se produce debido a su maduración, desarrollo integral y a la estimulación del medio que lo rodea.

Ya desde los primeros días a partir de su nacimiento está expuesto a la influencia en el desarrollo del lenguaje por medio de su madre, con la expresiva adaptación por parte del niño. Los ojos, la mímica, el timbre de la voz, las sensaciones táctiles y más adelante el contenido de las palabras forman una percepción general con la que el lenguaje se encuentra inseparablemente unido.

En la psicología del lenguaje dice Quirós que se notan:
1. La emisión pura.
2. La socialización, constituida por el lenguaje en acción.
3. La intencionalidad del lenguaje, mediante la utilización de símbolos.

Durante sus primeros 9 meses de vida el niño utiliza un sistema de emisión-expresión. Le sigue la etapa de la socialización cuando se agrega la comprensión. Y finalmente utiliza y desarrolla el pensamiento abstracto mediante la representación simbólica.

Ya hemos visto que el lenguaje oral abarca siempre un doble proceso que implica producción y recepción. Comprende los aspectos fonatorio (producción del sonido), articulatorio (modificaciones que sufre dicho sonido durante su trayecto) y aspecto lingüístico (que abarca el pensamiento verbal, gramatical y vocabulario de acuerdo con un código de significados). Por otra parte, para que se realice cualquier tipo de aprendizaje humano son necesarios tres elementos, a saber:

a. Cerebro para procesar y acumular los datos.
b. Individuos que interactúen constantemente con el niño. (Primero la madre, luego otras personas significantes y finalmente cualquier individuo que establezca un intercambio mediante el lenguaje.)
c Mecanismos de percepción para procesar la experiencia y organizar la respuesta.

Por ello es imprescindible que el niño esté expuesto y estimulado por el lenguaje, siendo ésta una experiencia sensorial absolutamente necesaria, ya que debe imitar lo que oye y aprender los movimientos musculares para su producción. Además desarrolla circuitos neuronales en su cerebro, con acumulación de datos, que utilizará más adelante.

El desarrollo del lenguaje oral se realiza al mismo tiempo que la maduración general del individuo. Los movimientos del recién nacido abarcan su actividad muscular en masa y entre los músculos que entran en actividad se encuentran también los de la fonación, que producen sonidos o llanto en forma indiferenciada. Constituyen simples expresiones mecánicas como respuesta refleja a estímulos externos e internos.

Cuando ya tiene aproximadamente 1 mes y medio de edad, se observa que los movimientos en masa van disminuyendo y en su lugar aparecen respuestas específicas con un cierto contenido afectivo. Es entonces cuando la madre puede distinguir las respectivas vocalizaciones que denotan dolor, hambre, protesta e incluso placer. Pero sigue siendo una vocalización refleja.

Alrededor de los 3 meses se desarrolla el período de balbuceo espontáneo, que sigue siendo inconsciente e incoherente. El niño juega con sus vocalizaciones, que son la simple movilización de sus músculos laríngeos, bucales y linguales. Es una actividad sensitiva-motora-sensitiva que no se basa en el lenguaje del adulto. Al mismo tiempo, la criatura se vuelve sensible a la carga afectiva de la voz que oye.

A los 4 meses produce sonidos guturales y presta más atención a la voz humana.

A los 5 meses balbucea y pretende imitar palabras o conversaciones.

A los 6 meses se da vuelta cuando oye un sonido a sus espaldas. Practica entonación y ejercita su mecanismo vocal como paso previo a la adquisición del lenguaje.

Alrededor de los 8 meses desarrolla el período de autoimitación, llamado también de reflejo circular. El niño escucha con agrado su propia voz y repite los fonemas muchas veces, como por ejemplo: "papapa...". Al decirlos se escucha, lo que le produce placer y se autoestimula a repetirlos nuevamente. Sin embargo, siguen siendo sílabas involuntarias y sin significado.

En esta etapa tiene una gran importancia el factor auditivo. Por otra parte, los padres otorgan un contenido afectivo-representativo a las sílabas balbuceadas e incoherentes del infante. Como resultado de esta actitud paterna se establece un doble reflejo condicionado ya que el niño irá relacionando paulatinamente su expresión fónica con el contenido afectivo que el ambiente se esfuerza en otorgarle. Así por ejemplo el niño balbucea "ma-ma" y la madre, que se cree llamada, acude felicísima, lo acaricia, le sonríe, lo festeja y ella a su vez repite la palabra mágica que la hizo acercarse, "mamá". El niño asocia finalmente esta palabra sin ningún sentido previo con la venida placentera de su madre y ahora voluntariamente repite los movimientos necesarios para que venga, con gran regocijo mutuo. Esta es la primera utilización simbólica del lenguaje y este mecanismo tiene una importancia capital.

Hasta el comienzo de esta etapa, el desarrollo del lenguaje es el mismo en el infante normal y en el sordo, pero este último si bien produce los sonidos, no los puede relacionar con una determinada persona u objeto ya que no oye su propias emisiones ni el refuerzo en eco de los que lo rodean; con lo que el desarrollo del lenguaje en un chiquito sordo no pasa de allí si no es reeducado. Se deduce de ello la enorme importancia de una reeducación muy precoz.

En la actualidad es posible detectar problemas de audición y comenzar la educación auditiva muy precozmente. Löwe incluso habla de la audiometría selectiva para los recién nacidos e insiste en que ningún niño es demasiado pequeño para su detección y rehabilitación.

De los cinco a los seis meses se desarrolla el período de imitación voluntaria de los sonidos cuya articulación la criatura normal puede oír y trata de ver en su modelos. Ya con anterioridad era sensible a la entonación y a los gestos, ahora la palabra estará también asociada a este doble condicionamiento.

A los 10 meses adquiere cierta destreza en los movimientos de lengua y labios, la que, combinada con la capacidad de imitación, favorece la vocalización articulada. Puede llegar a emitir alguna palabra o su aproximación, la que designa algo que haya visto, oído o tocado. Además utiliza movimientos de brazos o de cabeza para hacerse entender.

A los 12 meses emplea otras palabras además de "papá" y "mamá" para hacerse entender. Pero si no atrae la atención con palabras, lo hace recurriendo a gritos o toses. Escucha con más atención y puede repetir aquellas palabras fáciles que le son más familiares.

Al final del primer año comprende cuando se le pregunta "¿Dónde está papá?" Por su cuenta añade "¿Papá?", en interrogación amable, señalando con el dedito a su padre. Además cuando dice "papá" puede estar pidiéndole a su padre que lo tome en brazos, que juegue con él, que lo acaricie o puede estar pidiendo que venga. En esta forma "papá" se convierte en una palabra frase. Más adelante en el desarrollo del lenguaje utiliza esta misma palabra "papá" en el proceso así llamado de universalización, por el que hace abstracción de la figura paterna y denomina así a cualquier persona del sexo masculino. Finalmente vuelve a usar la palabra "papá" para denominar sólo a su padre, ya que ha aprendido otros términos para designar a los demás hombres.

Hablando de papás en general, es conveniente recordar a los ansiosos progenitores de un bebé que no habla, que en cualquier idioma la recepción precede a la producción; o sea, que el infante primero aprende a reconocer las diferencias entre los sonidos o palabras en lo que se denomina vocabulario pasivo y recién después las emite. Recordemos también que existe el período de audio-mudez fisiológica que puede desarrollarse entre los 6 y 8 meses. Cuando ya el niño emite sonidos que los padres consideran palabras, se calla porque está pasando por el proceso de inhibición de la palabra, lo que constituye una etapa totalmente normal. Al finalizar la misma continuará con la emisión del habla.

Es interesante hacer notar que un bebé articula determinados sonidos cuya representación simbólica es "K", "G", "RR" que le resultarán muy difíciles de producir más adelante cuando necesite articular palabras en las que figuren dichos sonidos.

Según Quirós, no hay orden establecido en la aparición de los sonidos fónicos del lactante. En general durante los tres primeros meses existe un predominio de vocalizaciones; entre los 3 y los 6 se agregan las consonantes y de los 6 a los 9, las silabaciones; éstos son fenómenos fónicos prelingüísticos.

En cuanto a la adquisición de los fonemas de acuerdo con la edad cronológica del infante, vemos que un recién nacido utiliza alrededor de siete; entre los 13 y los 14 meses emplea de una a dos palabras; a los 18, desde seis a veinte que corresponden a los conceptos de "aquí" y "ahora", a los 21 emite oraciones cortas en las que utiliza inflexiones como para formular preguntas, y a los 24 tiene un vocabulario de cincuenta palabras o más, refiriéndose a sí mismo por su nombre.

Como ya dijimos, las primeras palabras de una criatura tienen un contenido emocional muy grande. Eisenson distingue la diferencia entre el patrón fonético y el patrón de entonación ya que mediante este último el infante expresa sus deseos y necesidades. Así, una sola palabra tiene una gran variedad de significados y además expresa un pensamiento completo. Más adelante utiliza algunas palabras que le sirven no para realizar una denominación individual, sino para referirse a la totalidad de un concepto de clase. Por ejemplo usa un término único para nombrar a todos los animales con similares características, como cuatro patas; será entonces "babáu" el perro, elefante, tigre, etc.; y todos los objetos redondos como pelota, naranja, bolita, etc. recibirán también una denominación única.

Se supone que son las vocales "I" y "E", que se producen en la parte inferior de la cavidad bucal, las primeras en aparecer. En cuanto a las consonantes, serían las posteriores como "K" o "J". Lewis interpreta esta aparición de fonemas como el resultado de la satisfacción alimentaria del niño; así la aparición de las vocales anteriores está en estrecha relación con la acción de succionar, mientras que las consonantes posteriores lo están con la acción de deglutir.

Stern confiere un valor negativo a las consonantes nasales que considera expresión de incomodidad por parte del niño.

Según algunos autores el orden de la aparición de las consonante sería "KG", "MN", "PB", "TD" y recién en una etapa muy posterior "R", "S", "F" y "V". Según Lord Brain en cambio, el orden de aparición de las consonantes es: labiales, guturales, dentales y por último nasales, que atribuye al cambio que se produce entre mamar y tomar alimento semisólido, así como a la erupción de los dientes. Como sabemos, cada sonido puede ser emitido en tres posiciones: inicial, intermedia y final. Durante el primer año las consonantes utilizadas en posición inicial son las más frecuentes mientras que las combinaciones son muy raras y las finales prácticamente inexistentes.

Recordemos que cuando el niño ha alcanzado a alimentarse solo recién está emitiendo muy pocas palabras, ya que el desarrollo de la expresión oral sucede al desarrollo de las funciones de respiración y de alimentación, aunque todas estas funciones utilicen los mismos órganos.

Durante la primera mitad del segundo año, el niño sólo utiliza sustantivos o interjecciones, los que para él poseen el significado de oración completa. Pichon denomina "locutiva" a esta etapa del lenguaje. Realiza acciones siguiendo órdenes: "Dame", "Toma", etc.

A mediados del segundo año el niño, toma la iniciativa de preguntar el nombre de los objetos que señala, para luego intentar reproducirlo. No hay mayores progresos en la adquisición del lenguaje antes de los 18 meses, cuando normalmente el niño comienza a caminar y también a alimentarse por su cuenta. Recién entonces se establece un verdadero equilibrio, entre los progresos motores y los lingüísticos. Una vez superada esta etapa, se produce una prodigiosa aceleración en la adquisición del lenguaje oral.

Entre los 18 y los 23 meses su vocabulario es de aproximadamente 10 palabras bien definidas, acompañando algunas palabras con ademanes.

El niño a partir de los 2 años ya posee un vocabulario que fluctúa entre 12 y algunos cientos de palabras. Estas son nombres de personas, objetos que le son familiares o distintas actividades. Si bien no puede sostener una conversación, utiliza palabras para denominar sus necesidades físicas o contestar preguntas sencillas. Cuando se refiere a sí mismo lo hace por su nombre y no utiliza el "yo". Puede formular juicios de carácter negativo. Por ejemplo "un gato no es un pato".

A los 3 años se produce la aparición del lenguaje interior y su identificación con el pensamiento verbal. Además, y esto es muy importante, utiliza correctamente el "yo", o por lo menos, trata de hacerlo. Emplea frases relativamente largas, utilizando plurales, pronombres personales, adverbios. En cambio no usa correctamente los modos o tiempos verbales. Identifica objetos por el uso. Puede hablar por teléfono. Posee alrededor de 1.000 palabras.

A los 4 años su vocabulario es extenso, alrededor de 1.500 palabras. Puede repetir su nombre y apellido, edad, sexo. También el nombre —aunque no el número— de la calle en que se domicilia. Sostiene largas conversaciones, reconoce los colores.

Además establece comunicación de carácter social, o sea que ya no realiza monólogos aun estando en compañía de otros, como solía hacerlo a los 3 años. Procura aclarar sus dudas acerca de todas las cosas. En el jardín de infantes aprende a compartir las tareas y los juegos. Su fantasía se confunde muchas veces con la realidad y esta situación influye positivamente en la evolución del lenguaje ya que incorpora un entretenimiento placentero y continuo.

Es importante subrayar que aun en niños normales a esta edad el habla puede volverse disfluente. El temor de los padres y su angustia frente a esta etapa totalmente normal puede traducirse en una fijación de este cuadro en el hijo, con el riesgo de transformarse en tartamudez, como veremos más adelante.

El niño de 5 años ha extendido su vocabulario hasta aproximadamente 2.050 palabras, que utiliza con muy pocos o ningún defecto de articulación. Su lenguaje está completo en estructura y en forma, expresándose mediante oraciones completas y correctas. Ya ha corregido la mayoría de sus errores de pronunciación y su conversación es amplia. Recita, memoriza, describe. Puede crear cortas rimas o cantitos. Sus preguntas son más escasas y las realiza para informarse.

A los 6 años el vocabulario abarca alrededor de 2.500 palabras, aunque indica Quirós que de estos niños puede haber un 26 % que todavía presenta defectos pequeños de articulación. A esta edad se inicia la incorporación del niño a la escuela, con la adquisición de la lectura, escritura y aritmética. Esto redunda en un notorio adelanto en su maduración, especialmente desde el punto de vista social, lingüístico y psicológico.

Entre los 5 y los 7 años ya conoce todas las combinaciones fonímicas en su lengua materna. Puede aprender palabras nuevas pero todas siguen las mismas reglas de su sistema fonológico.

Si bien nos hemos referido a etapas o edades determinadas en el desarrollo del lenguaje en el niño, es importante tener presente que éstas no se encuentran totalmente diferenciadas entre sí ya que coinciden el final de una con el comienzo de la otra. Por otra parte, el período que abarcan puede ser relativamente elástico, debiéndose tener en cuenta las características individuales, y medioambientales. Conviene recordar que la palabra no es simplemente una etiqueta pegada a lo que denomina. Generar palabras significa establecer relaciones. Aprender su significado requiere de una actividad intelectual basada en procesos fisiológicos. Dice Boullón que aprender una palabra significa aprender a conceptualizar.

Además, según Quirós, recién cuando el niño ha alcanzado la utilización normal de sus funciones respiratoria, deglutoria y masticatoria, adelanta en la adquisición de su habla instalada en los mismos órganos.

Es obvio que la mayoría de los trastornos lingüísticos aparecen durante la niñez, ya que es justamente en esta etapa cuando actúan causas que influyen sobre la maduración psico-neurológica del niño, su adaptación social y su evolución cultural.

El factor ambiental es un elemento que influye poderosamente, ya sea positiva o negativamente sobre el desarrollo del lenguaje en el niño, que necesita abundante estímulo externo.

De ello se deduce la enorme importancia de poder oír, y de oír modelos correctos. Durante los primeros cuatro o cinco años de vida, el niño aprende a hablar imitando lo que oye de la lengua justamente denominada "materna". En realidad, no es correcto decir que el niño imita patrones que oye porque ningún adulto normal dirá "Néne", "pápa" para significar que quiere alimentarse.

Lo que el niño hace es imitar el sistema fonímico, es decir, los sonidos que oye. Al mismo tiempo, la criatura internaliza el modelo que oye, hace abstracción de las reglas que aprende (sin aprender) para utilizarlas más adelante en su propia producción del lenguaje. En una etapa posterior también tratará de imitar el mensaje gramatical del adulto para ser entendido no sólo por su madre, sino también por el resto de su comunidad.

Recordemos que el período hasta los 5 años es el de mayor maleabilidad orgánica, cuando se acumulan y se fijan las imágenes acústicas. Así, un niño puede presentar sigmatismo simplemente porque imita a una hermanita mayor que cecea. Otro puede tener dislalias múltiples porque copia su pronunciación de un familiar que padece una pérdida auditiva grande. Un tercero puede presentar rotacismo porque un amiguito pronuncia mal la "r". Puede estar el que habla con acento extranjero porque sus modelos lo son. Y finalmente el que, si bien llora, ríe, tose o grita, no tiene ningún tipo de imagen convencional porque, siendo sordo, no oye modelo acústico alguno para imitar. En todos estos casos, con excepción del último, el niño se limita a reproducir lo que oye. Se deduce de ello la importancia de proveerlo de un modelo correcto.

Cuando una criatura está adquiriendo el lenguaje puede suceder que sus familiares se preocupen en exceso o demasiado poco por su manera de hablar.

¿Qué queremos decir con esto? Por ejemplo, el caso de los padres que pretenden que la criatura hable correctamente desde el principio; pero es totalmente antifisiológico exigir a una criatura que supere las etapas normales de desarrollo por las que tiene forzosamente que pasar. Sus aparatos fonatorio y auditivo deben alcanzar un determinado grado de madurez, y más aún debe alcanzarlo su sistema nervioso. Con mucho esfuerzo se pueden lograr ciertas automatizaciones verbales pero éstas no tienen significación real en la evolución intelectual de la criatura. Años después, este niño a quien se ha exigido tanto y tan precozmente puede convertirse en un individuo inhibido o combativo, con trastornos de la personalidad y de la conducta. Puede también suceder todo lo contrario. Es decir, que el entorno de la criatura desfigure su propio lenguaje tratando de imitar el lenguaje distorsionado del niño que   recién está aprendiendo a   hablar, en su afán de facilitarle su aprendizaje. Si el modelo es malo, el resultado es todavía peor ya que el niño va acumulando defectos fonatorios que puede o no llegar a corregir por sí mismo más adelante.

Acabamos de ver dos casos opuestos, ambos como el resultado del cariño mal entendido de sus padres pero también y seguramente, el resultado del desconocimiento del ambiente familiar con respecto a los problemas de la emisión del lenguaje. Es importante que el trato de los padres respete la edad cronológica de sus hijos, sin pretender exigirles lo que no pueden dar, ni tampoco sobreprotegerlos.

Como resumen para este capítulo podemos decir que para la normal adquisición del lenguaje se deben cumplir ciertos requisitos. Estos son la maduración bioneurológica del niño, un adecuado medio ambiental y condiciones individuales de adaptación. Si bien resulta obvio, queremos agregar afecto y comprensión.

3

Fono-paleo-antropología

Cuando el hombre empezó a hablar

Conviene tener en cuenta que si por origen del lenguaje se entiende un comienzo absoluto, este título carece de todo rigor científico. No existe un instante puntual en que se haya originado, así como tampoco existe un instante puntual en el que algo definitivamente no humano se haya transformado en hombre. Este período, en realidad, abarca un larguísimo proceso en ambas instancias.

No nos referiremos a la etapa en la que el hombre comenzó a comunicarse con otros individuos de su misma especie, sino a cuando empezó a hacerlo mediante el habla específicamente.

Es decir, el hombre pudo haberse comunicado como lo hicieron los otros primates, utilizando sonidos u otras señales táctiles, orales, olfativas o visuales. Pero, obviamente, estas señales sólo cumplieron una función biológica y no social, es decir, no constituyeron lenguaje propiamente dicho.

Si bien lingüistas y psicólogos discrepan en la definición de lenguaje, podemos recordar que el lenguaje es un proceso cultural y social que comprende razonamiento, afectividad y experiencia. Este sistema lingüístico le permite al individuo funcionar dentro de un determinado grupo cultural y social —que abarca también espacio y tiempo—, expresar conceptos, sentimientos y acciones no sólo del presente, sino también del pasado y del futuro e influir en la conducta de sus congéneres. Mediante el lenguaje el hombre interactúa con sus semejantes y también consigo mismo. Resulta obvio que el lenguaje difiere totalmente de los gritos, quejidos o chillidos que el hombre primitivo, al igual que otros animales, emitía como respuesta refleja a dolor, hambre, miedo, excitación, etc.

Según Krantz, las siguientes son algunas de las diferencias entre el lenguaje humano y la comunicación animal:

A) Lenguaje humano (L. H.): Comunicación de imágenes mentales que pueden no ser percibidas directamente por los sentidos y pueden abarcar no sólo el presente sino también proyectarse al pasado y al futuro.Comunicación animal (C. A.): Limitada esencialmente a "aquí" y "ahora".

B) L. H.: Utiliza sonidos sin significado (fonemas) para formar combinaciones con contenido (morfemas). C. A.: El mínimo sonido emitido transmite el mensaje.

C) Hewes expresa que, mientras el lenguaje humano está sometido a inhibición o control voluntario, la comunicación animal carece de ello y está provocada por estímulos internos o externos. Es emitida, haya otros individuos presentes o no.

Desde el punto de vista histórico, se supone que el lenguaje es una herencia antiquísima de la humanidad. Pero dado que el lenguaje oral es un aspecto que no deja restos arqueológicos, sólo podemos abocarnos a su estudio tomando como base deducciones y conjeturas.

Si bien el desarrollo del lenguaje en el ser humano es único, es decir que es una característica exclusivamente humana, en la actualidad se han elaborado una serie de especulaciones para echar por tierra este punto de vista y hacer partícipes del uso del lenguaje a otros animales. O sea que el axioma "el hombre es hombre porque posee lenguaje", que a su vez redunda en "el lenguaje es una característica inherente al hombre exclusivamente", ya no tendría validez para los propulsores de este controvertido punto de vista.

Existen animales que utilizan un sistema de comunicación altamente desarrollado, como los delfines, por ejemplo. Hay también antropoides que poseen un aparato fonatorio semejante, aunque nunca igual al humano, como el chimpancé y el gorila.

Pero a pesar de esta similitud, ningún primate ha podido ejecutar los movimientos musculares voluntarios que hacen al lenguaje oral, expresa Lieberman.

En los EE. UU. se ha tratado de enseñar a algunos chimpancés a comunicarse con el hombre mediante el lenguaje visual (apretar botones, mover palancas o llaves, agregar o quitar figuras, etc.) o mediante el lenguaje gestual (aprendizaje e imitación de gestos realizados por el instructor), dado que el aprendizaje del lenguaje puramente oral no prosperó.

A partir de la década del '60 se ha enseñado a algunos chimpancés a comunicarse con el hombre mediante el *ameslan*, lenguaje gestual utilizado por los sordos de ese país. Los animales han respondido a este aprendizaje; llegaron no sólo a comunicarse con los hombres sino —y por iniciativa propia— también con otros congéneres de laboratorio. Pero hasta el momento actual no ha sido posible establecer en ningún animal el hecho de que su modalidad de expresión comparta las características y funciones del lenguaje humano.

Estima Wallman que ninguno de estos proyectos ha tenido éxito al tratar de capacitar al mono para la adquisición de un lenguaje que fuera igual al de un niño pequeño, y menos aún al de un adulto. Si bien éste puede ser un punto de vista controvertido, se supone actualmente que la adquisición de un lenguaje articulado por parte de primates no humanos es imposible debido a los siguientes factores:

1. Anatomía de faringe y laringe, en especial el pequeño volumen del área supralaríngea, lo que impide la producción oral del lenguaje (Figs. 11 y 12).

2. Control sobre emisiones vocales incidentales ejercido por el sistema límbico, en lugar del neocórtex, sobre emisiones vocales intencionales, como en los humanos.

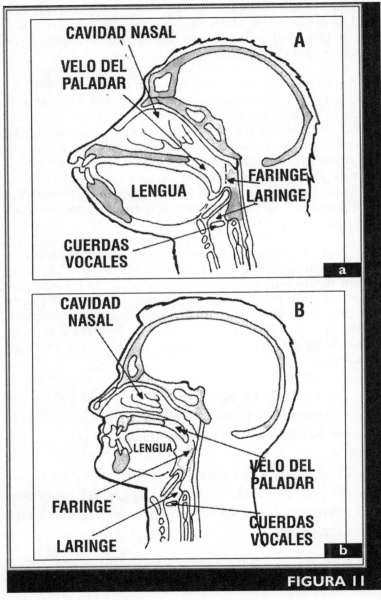

FIGURA II

a. Mono
b. Hombre

Formulemos nuevamente la pregunta del título: ¿En qué etapa de la evolución protohombre-hombre se llevó a cabo la transición hacia el lenguaje oral?

Si bien la Paleoantropología ha avanzado mucho, es sumamente difícil deducir conductas basándonos en restos fósiles. Éstos pueden eventualmente permitirnos reconstruir el modelo de aparatos vocales para lograr réplicas acústicas simuladas, mediante el uso de computadoras. Pero todavía nos vemos reducidos básicamente a llevar a cabo deducciones mediante la extrapolación, a partir de un conjunto de observaciones.

Jonas expresa que tanto la fisiología como la anatomía pueden determinar conductas, así como cambios en el comportamiento llegan eventualmente a modificar la anatomía. Es decir que existe un proceso de retroalimentación mutua.

Piensa Mc Bride que la transición hacia el habla debió haber sido larga y lenta porque involucró grandes cambios en los sistemas cerebral, vocal y auditivo.

En la década de 1970 se realizaron estudios de anatomía comparada en restos fósiles a los efectos de tratar de reconstruir el aparato fonatorio de nuestros antepasados. Laitman dice, refiriéndose a la localización de la laringe en el cuello, que tiene una importancia capital para poder establecer la forma como un animal respira, traga y vocaliza. En los mamíferos generalmente la laringe se encuentra ubicada muy arriba en la garganta, lo que impide la producción de variedad de sonidos pero, en cambio, les posibilita respirar y tragar simultáneamente. Este mismo patrón se da también en el ser humano hasta los dos años de edad aproximadamente, lo que le facilita poder mamar y respirar al mismo tiempo sin atragantarse.

Más adelante, la laringe desciende a una posición inferior a la de cualquier mamífero, humano o no. Esta localización aumenta el espacio por encima de la glotis, lo que permite una mayor variedad en la modificación del tono fundamental laríngeo (Fig. 12).

Laitman, además, constató en un estudio realizado sobre mamíferos que la base del cráneo es relativamente chata y que esta característica coincide con la ubicación elevada de la laringe. Cabe mencionar que en el humano mayor de los dos años la base del cráneo se halla notoriamente arqueada y este rasgo coincide con la localización más baja de la laringe.

Basándose en esta asociación entre las características de la base del cráneo y la ubicación de la laringe, deduce que en los especímenes fósiles en los que la base del cráneo esté conservada es posible inferir el nivel aproximado en que se hallaba ubicada la laringe, que obviamente ha desaparecido. Una vez hecho esto y precisamente basándose en la localización tentativa de la laringe en estos especímenes, es posible elucubrar acerca del tipo de vocalizaciones que podían emitir.

Simplificando al máximo la hipótesis de Laitman, tratamos de resumirla así: A base del cráneo chata corresponde laringe en localización superior, lo que origina un patrón de escasos sonidos (mamíferos). A base del cráneo arqueada corresponde laringe en localización inferior, lo que origina un patrón de variedad de sonidos (humanos).

Laitman hizo uso de esta metodología para estudiar los homínidos más antiguos, denominados austra-lopitecos, y constató que en ellos se daba el patrón característico de los mamíferos. Llegó entonces a la conclusión de que podían emitir un repertorio de sonidos sumamente restringido, o sea, que no poseían habla.

Estudió luego ejemplares fósiles del homo erectus, que aparece en una etapa posterior. Por la forma de la base del cráneo, le fue posible deducir que la laringe ya había comenzado a descender.

DESCENSO DE LA LARINGE

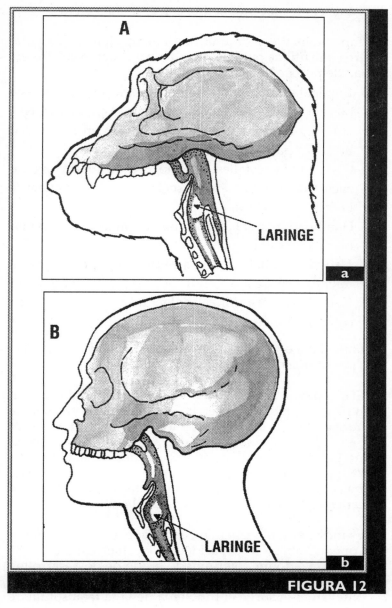

FIGURA 12

a. Mono
b. Hombre

Laitman sugiere como etapa tentativa para el uso del lenguaje el pleistoceno medio, con el homo erectus.

Tapia coincide y da una fundamentación de los parámetros que utiliza para deducir que ya el homo erectus era capaz de poseer lenguaje. A saber:

1. Capacidad anátomo-fisiológica para producir y recibir lenguaje articulado: suficiente espacio faríngeo entre la epiglotis y el paladar blando en la cavidad bucal. Capacidad auditiva.

2. Capacidad encefálica: tamaño, complejidad y organización del cerebro, áreas asociadas con el lenguaje en la corteza cerebral.

3. Habilidad manual para la confección de herramientas más sofisticadas.

4. Uso de simbolización, aspecto conceptual, pensamiento abstracto, aprendizaje.

5. Capacidad para utilizar el lenguaje oral a través del comportamiento.

Para Tapia estos parámetros ya se dan en el homo erectus, por lo que estima que poseía lenguaje.

El estudio de fósiles del homo sapiens le permitió a Laitman suponer que, en esta etapa siguiente del desarrollo de la humanidad, la laringe ocupaba la misma localización que en el hombre contemporáneo a nosotros. Es entonces, opina Laitman, cuando pudo haberse originado el lenguaje, ya que nuestros antepasados poseían la capacidad para emitir un habla articulada. Vale decir que el hombre estaba físicamente capacitado para producir el habla.

Es indispensable tener en cuenta que, para que el hombre pueda hablar, su capacidad intelectual también debe haber alcanzado un determinado grado de de desarrollo.

Nuevamente surge el problema de la falta absoluta de restos materiales, lo que obligó a los investigadores a utilizar vías indirectas de trabajo.

Una de ellas constituyó el estudio de las impresiones que quedaron marcadas por el cerebro en la cara anterior de algunos cráneos fósiles. Conociendo la función de determinadas áreas cerebrales en el hombre moderno, se trató de estudiar el desarrollo de aquellas áreas que pudieron estar más relacionadas con la producción del habla en el hombre prehistórico. Fue posible hacer ciertas elucubraciones lógicas, pero éstas a su vez dieron origen a una serie de interrogantes que continúan sin respuesta.

Otra posibilidad para evaluar el desarrollo intelectual consiste en el estudio evolutivo de la cultura material, economía y tecnología. Dice Jaynes que un utensilio, por ejemplo, es un buen exponente de la habilidad manual y el desarrollo mental de quien lo ha fabricado. Sapir cree que los exponentes más rudimentarios de la cultura material sólo pudieron ser posibles cuando el lenguaje como elemento de la expresión y la significación hubo tomado cierta forma. También para Jaynes hay una correlación entre el desarrollo de artefactos y el desarrollo del lenguaje.

Isaac sostiene que la capacidad de los homínidos para concebir y elaborar artefactos de una cultura material cada vez más sofisticada se encuentra interrelacionada con la capacidad, en constante desarrollo, para manipular. reglas y códigos, incluyendo el lenguaje. Dicha capacidad depende de la experiencia cultural y de la capacidad neurofisiológica para concebir diseños. También Gordon Childe otorga suma importancia a la relación entre pensamiento abstracto y lenguaje.

Isaac piensa que en el paleolítico inferior se desarrolló un importante período formativo en la cultura humana y la capacidad de comunicación. Como ya existían grupos con un cierto grado de organización para realizar tareas en común, esto nos lleva a considerar lógica la posibilidad de que utilizaran una cierta forma de lenguaje. Éste sería rudimentario pero útil como sistema de comunicación para llevar a cabo las operaciones necesarias a los efectos de asegurar la supervivencia.

En el período correspondiente al pleistoceno medio se llevó a cabo una maduración cultural, por lo que resulta obvio deducir que se acrecentó también la capacidad lingüística.

Durante el paleolítico medio, que es el período en que vivió el hombre de Neanderthal, aparecieron asentamientos de característica permanente o semipermanente, por lo que se deduce que hubo comunicación entre los grupos. Moure Romanillo expresa que es evidente que el hombre de Neanderthal practicaba ritos funerarios y que además pudo haber llegado a desarrollar manifestaciones artísticas como música y danza, así como tatuajes y pintura corporal. Es decir que nos estamos refiriendo a un individuo pensante que se preocupa por lo que vendrá después de la muerte y con un cierto grado de sensibilidad artística. Este individuo podía elaborar ideas abstractas y era capaz de retener en su mente una secuencia de acciones en un orden prefijado. Además no vivía aislado sino formando parte de una comunidad. Se deduce de todos estos datos que, si el lenguaje y el pensamiento están tan íntimamente ligados entre sí, para que el hombre pudiera llegar a este grado de desarrollo intelectual así como de convivencia debió necesariamente haber utilizado el lenguaje.

Según Lieberman, en cambio, el hombre de Neanderthal era incapaz de producir determinados sonidos vocálicos y sólo podía emitir sonidos nasalizados a un ritmo muy lento. A esto replica Nottenbohm que es dable esperar que los sonidos que nuestra forma ancestral podía emitir fueran diferentes de los del hombre moderno, pero que lo importante es que le resultaran útiles como lenguaje.

Para Jaynes, el lenguaje es un medio de percepción y no solamente de comunicación. Considera que el desarrollo del lenguaje produjo un diferente nivel de mentalidad desde el punto de vista cualitativo, que originó una conducta distinta, cuyos artefactos pueden ser hallados arqueológicamente.

Jaynes expresa que se necesitaron tres condiciones para la formación del lenguaje, a saber:

1. Presiones ecológicas muy marcadas, de modo que un sistema de comunicaciones como el lenguaje tuviera un valor considerable para la supervivencia. (En esta época transcurrió la cuarta glaciación, la más fría de todas.)
2. Cambios rápidos en la forma de vida humana (demostrados por el hallazgo actual de artefactos nuevos y diferentes de los anteriores).
3. Desarrollo del cerebro humano cuya proporción y tamaño se estaban acercando gradualmente a las características del cerebro del hombre actual.

Estas tres condiciones se dieron en la época del hombre de Neanderthal, por lo que Jaynes estima la existencia del lenguaje.

Quirós supone que el hombre de Neanderthal utilizaba mímica y gestos sumamente ricos, siendo la expresión oral sólo un complemento del gesto en una comunicación elemental ya plenamente lograda.

Estima Quirós que el hombre de Cro-Magnon probablemente sólo podía expresar ideas concretas, por lo que su lenguaje distaba mucho de ser la conceptualización simbólica con contenidos lingüísticos que caracteriza el del hombre moderno. Supone que el lenguaje Cro-Magnon está caracterizado por sucesiones de imágenes concretas que dominan las formas de expresión; la unión entre una imagen y otra es todavía muy laxa y el habla se basa en expresiones mímicas y gestuales. Agrega que, si bien el hombre primitivo hablaba y probablemente también cantaba, a nosotros, como poseedores de un lenguaje civilizado, nos resulta casi imposible llegar a captar las características de aquel lenguaje. Además, deduce que probablemente la modulación era utilizada para modificar el sonido de lo que quería decir en lugar de hacer uso de las distintas estructuras gramaticales y la riqueza de los vocabularios como actualmente.

Para Quirós es admisible concebir la iniciación de la comunicación oral interhumana entre los 30.000 a. C. y los 10.000 a. C. como obra del homo sapiens.

Nuevamente conviene subrayar que estamos refiriéndonos a distintas hipótesis de trabajo que abarcan un período prehistórico sumamente largo, en el que el hombre se dispersó en distintas tribus por diferentes territorios y experimentó procesos evolutivos sumamente complejos que fueron comunes o no y se dieron en distintos períodos cronológicos.

¿Cómo se originó el lenguaje?

El interés del hombre sobre la función y el origen del lenguaje data de muy antiguo y se pueden mencionar varios conceptos al respecto.

Platón sostenía la existencia de una conexión entre la palabra en sí y lo que ésta representa, o sea, que le otorgaba al lenguaje una función referencial. Para Platón el lenguaje nombra los objetos, por lo que es concebido como nomenclatura, es decir una lista de palabras que corresponden al mismo número de objetos de la realidad. Para él la palabra tiene una función de designación solamente porque la única manera de conocer el significado de un término es conocer el objeto que éste designa.

Este punto de vista ha sido aceptado prácticamente sin discusión hasta este siglo. Lo que sí podía discutirse era si entre el término y el objeto que éste nombra había un nexo natural o no. Así por ejemplo, expresa Platón que la palabra "soma" significa "guardador", a lo que él agrega "guardador o cárcel del alma", por lo que es esta palabra "soma" (cuerpo) la única que puede designar al cuerpo.

También se considera al lenguaje como expresión del pensamiento. Es decir, que el lenguaje imita una realidad lógica o psicológica que representa las ideas, llegando a imaginar que el orden lineal de los elementos formantes de una oración imita la sucesión natural de las ideas en la mente.

En la actualidad se han formulado varias teorías sobre el origen del lenguaje, cada una con sus defensores y también con sus detractores, todos ellos ardientemente involucrados.

Las más contradictorias entre sí son la que atribuye al lenguaje un origen gestual y la que le atribuye un origen vocal, que es a la que nos hemos referido previamente.

Para Jaynes, en los homínidos primitivos las señales vocales de movimientos, posturas, expresión facial y gestos formaron parte de una "gestalt" multisensorial única.

Dice Kranz que el hombre utilizó primero gestos, pero que éstos no podían realizarse cuando tenía sus manos ocupadas transportando algo, o no eran claramente visibles en un ambiente oscuro o a una cierta distancia, por lo que eventualmente debieron ser reemplazados por sonidos.

Jaynes sugiere que los sonidos que emitían los homínidos incidentalmente se convirtieron en intencionales y pasaron a reemplazar la comunicación gestual cuando ésta se hizo menos efectiva. O sea, que el sistema de comunicación pasó de un canal visual a uno auditivo.

En cambio, para Falk, la comunicación gestual sólo pudo darse cuando el hombre liberó sus manos, por lo que él estima que la comunicación gestual sucedió a la vocal.

Entre otras teorías sobre el origen del lenguaje, podemos citar las siguientes:

- Teoría de la imitación de los sonidos que se producen al golpear los objetos.
- Teoría del canto durante el trabajo.
- Teoría de los gestos bucales según la que las distintas áreas de la boca imitan los movimientos de las manos, brazos y otras partes del cuerpo.
- Teoría de la combinación del balbuceo espontáneo y los elementos del mundo exterior.
- Teoría del instinto, que explica que el lenguaje apareció en una etapa determinada de la evolución humana y desde ese momento se convirtió en algo innato.

- Teoría de la convención, por la que se supone que los hombres se pusieron de acuerdo deliberadamente para crear un lenguaje común y mejorar así su vida como seres sociales.
- Teoría de la mutación aleatoria, que sostiene que el lenguaje surgió como consecuencia de un proceso biológico también aleatorio, es decir, fortuito.

La teoría que sostiene que la onomatopeya es la base del lenguaje se refiere a las palabras formadas por sonidos que imitan a aquellos producidos por determinados animales, fenómenos de la naturaleza, objetos o incluso las propias emisiones humanas. (Esto es el caso en el idioma ruso actual de la palabra "barabán"que significa "tambor".) Ya Sapir en 1921 expresa que la teoría onomatopéyica carece de validez científica porque las palabras así originadas no son sonidos naturales que el hombre haya reproducido instintiva y automáticamente. Agrega que ningún lenguaje se origina en la gradual evolución de sonidos de carácter imitativo. Incluso da el caso de los pueblos primitivos actuales en cuyas lenguas no se nota una preferencia específica por las palabras imitativas.

La teoría interjeccional se refiere a las interjecciones emitidas por el hombre en momentos de emoción (ira, miedo, odio, pasión, amenaza, dolor, etc.). Opina Sapir que no existen pruebas que demuestren que el lenguaje haya surgido de las interjecciones. Considera que éstas constituyen una parte muy reducida y funcionalmente insignificante de cualquier idioma. Y agrega que en ninguna época ha sido posible observar una tendencia a convertirlas en el elemento básico de un lenguaje.

La teoría de sonidos asociados con esfuerzo físico comunitario puede reseñarse así: Los primeros sonidos humanos fueron producidos involuntariamente al efectuar el hombre un notorio esfuerzo físico de los miembros superiores. Como normalmente acompañaron dicho esfuerzo fueron asociados con él. Entonces cuando un individuo necesitaba ayuda de otros emitía sonidos conjuntamente con un gesto imitando lo que quería hacer (cortar, aplastar, cargar, golpear, romper, etc.). Según Diamond éstos son los significados primitivos más antiguos que encontramos en el lenguaje. Debido a la distancia física entre el que quiere comunicarse y el que recibe esta comunicación, cuando el primero quiere expresar una orden o un pedido de ayuda grita el sonido correspodiente ya sin el acompañamiento gestual. Diamond considera el origen del lenguaje como interjeccional y simultáneamente de esfuerzo físico comunitario. Asimismo, cree que las palabras más antiguas fueron verbos en el imperativo (dame, trae, aplasta, etc.)

Para Hawkes, el uso consciente de la mano es el que conduce al desarrollo del habla, ya que estima posible que el desarrollo del hábito de la comunicación mediante gestos pueda inducir a la emisión controlada de sonidos.

También Kimura sostiene que los mecanismos cerebrales que controlan la producción del lenguaje oral derivan probablemente de aquellos que se desarrollaron para facilitar tareas manuales precisas utilizando la mano.

A ese respecto, Holloway nos recuerda que la región del cerebro que gobierna las acciones delicadas de las manos se halla ubicada muy próxima a aquella que controla el movimiento muscular necesario para hablar.

Sugiere entonces que esta cercanía podría reflejar elementos compartidos en el origen de ambos aspectos.

Schrager estima que existe una relación fisiológica entre las acciones corporales, especialmente del tronco y los miembros superiores, con el cierre de la glotis. Esto posiblemente trae como consecuencia la emisión de sonidos relacionados con dichas acciones. Por lo que considera muy interesante el criterio sobre el desarrollo de la interacción entre la comunicación córporo-manual-gestual y la fono-articulada.

Conviene recordar, sin embargo, que en el estado actual del conocimiento, este material no deja de ser una hipótesis de trabajo.

4

Fonologopatías: dislalias
(Primera parte)

* Consideraciones generales.
* Profilaxis y conductas ante las diversas patologías de la palabra.
* Necesidad de la consulta médica otorrinolaringológica precoz.
* Necesidad de la reeducación foniátrica efectuada por un profesional especializado bajo la supervisión del médico.
* Patología infantil. Detección precoz por parte del maestro, su conexión con los padres, orientación hacia la conducta médica y apoyo prestado al niño antes, durante y después del tratamiento.
* Correcto manejo de·la reacción de los compañeros del curso escolar, frente al alumno en tratamiento, y su importancia en el éxito del mismo.

Las fonologopatías se refieren a cualquier trastorno de lo que se considera normal en la articulación, o sea en la manera habitual de hablar de una determinada comunidad con un determinado nivel socio-económico-cultural y en una determinada ubicación témporo-espacial. No existe una línea absoluta de demarcación entre el lenguaje oral normal y el defectuoso. Este juicio se basa principalmente en lo que oímos o, en realidad, en lo que uno es consciente de haber oído.

Para Van Riper, se considera defecto fonoaudiológico cuando difiere lo suficiente del lenguaje de los otros miembros de la comunidad a la que pertenece un individuo determinado, como para llamar la atención, interferir en el proceso de comunicación u originar una mala adaptación a dicho ambiente.

Las fonologopatías pueden ser clasificadas en dos grupos:

a) aquellas que son fundamentalmente de origen orgánico y, por lo tanto, están causadas por alteraciones estructurales de la cavidad bucal, las fosas nasales o el oído,
b) aquellas que tienen un origen funcional y, por lo tanto, se instalan sobre órganos normales.

Ambos grupos se caracterizan por no tener ningún tipo de compromiso del sistema nervioso central, que pertenecen a otra categoría. El primer grupo incluye los desórdenes debidos a labio leporino, fisura del paladar, mala oclusión, disfunción lingual, carencia de piezas dentarias, etc.

El segundo grupo incluye, entre otros, los problemas de origen básicametne emocional o debidos al uso incorrecto de alguna estructura normal del aparato fonatorio.

Los dos grupos reciben el nombre de dislalias (Tabla XIII). La dislalia consiste, por lo tanto, en la imposibilidad de emitir normalmente ciertos sonidos, siendo las consonantes más afectadas aquellas que exigen un mayor control neuromuscular como R, RR, S, CH y Y. Es el síntoma más común dentro de la patología del habla y el que también se da con más frecuencia entre los problemas de los alumnos de la escuela primaria o del jardín de infantes. Se lo considera un verdadero trastorno articulatorio recién a partir de los 4 años o algo más de edad cronológica, ya que en el desarrollo normal del lenguaje en el niño se presentan defectos de articulación de carácter fisiológico que desaparecen más adelante.

En casos de niños que presentan dislalias, es posible encontrar problemas de conducta, de aprendizaje, retraso en la adquisición del lenguaje y retraso madurativo, así como trastornos del sueño y enuresis. También, y significativamente las dislalias pueden haberse originado por malos tratos de los padres para con sus hijos. Se deduce de estos datos la necesidad de estudiar a los niños con perturbaciones en el lenguaje, no solamente mediante los estudios otorrinolaringológicos y fonoaudiológicos habituales, sino también con el abordaje a fondo de su personalidad en todos los niveles de integración. Cualquier tipo de problema de aprendizaje escolar, incluso las dislalias, tiene una causa que puede ser orgánica, psicógena, ambiental o compleja. Por lo tanto, es conveniente realizar un enfoque múltiple del alumno desde un punto de vista clínico, pediátrico, neurológico, otorrinolaringológico, psicológico, fonoaudiológico, pedagógico, kinésico, etc. En especial, se recomienda un completo estudio psicológico del niño dislálico, ya que los conflictos emocionales tienen una notoria repercusión sobre los procesos elaborativos del lenguaje. Las perturbaciones en el desarrollo emocional pueden determinar retrasos (fijaciones) o retrocesos (regresiones) de toda su personalidad, incluyendo los medios de recepción y de expresión que constituyen el lenguaje.

Es importante tener en cuenta que la dislalia no es una enfermedad en sí sino un síntoma, por lo que es un error enviar al niño a reeducación sin haber efectuado un estudio multidisciplinario previo. Debe conocerse su etiología, es decir, poder establecer cuál es la causa de posibilidades tanto en el pronóstico como en la terapéutica.

Ya hemos estudiado que los articuladores modifican el sonido según su punto de acercamiento o de contacto dentro de la cavidad bucal, siendo la lengua el elemento móvil más importante. Cuando desde el punto de vista funcional hay algo anormal en este mecanismo, se producen dislalias. Éstas pueden ser:

1) Dislalia por sustitución. Consiste en reemplazar un sonido por otro ya sea al principio, en el medio o al final de cada palabra. Por ejemplo "datito" por "gatito" (posición inicial). Estos casos pueden ser el resultado de trastornos auditivos, especialmente cuando se reemplaza D por R, T por C o D por G. "cala" por "cara" (posición intermedia) y "pelal" por "pelar" (posición final). Llama la atención el hecho que algunas personas con un nivel de instrucción de escuela secundaria cometan dislalias en posición intermedia del tipo de "séctimo" por "séptimo" "ecsenario" por "escenario" etc.

91

2) Dislalia por omisión. Consiste en suprimir un sonido en cualquier lugar de la palabra. Por ejemplo "correto" por "correcto", "acetable" por "aceptable", etc.

3) Dislalia por inserción. Consiste en agregar un sonido en cualquier lugar de la palabra "corransen" por "córranse".

4) Dislalia por distorsión. Consiste en la alteración en la emisión de determinados sonidos.

Por ejemplo el caso de la maestra que dicta exagerando los sonidos, con lo que los distorsiona. En lugar de "niño" emite algo así como "ninio", o en lugar de "lluvia", algo similar a "liuvia".

En el caso de consonantes alteradas, se las denomina:

a) Rotacismo, que consiste en la incorrecta emisión del sonido cuyo símbolo es la letra "R".

b) Sigmatismo, que consiste en la incorrecta emisión del sonido cuyo símbolo es la letra "S", conocido vulgarmente por "zezeo".

c) Gamacismo, que consiste en la incorrecta emisión del sonido cuyos símbolos son las letras "Q", "K" y "C". También el sonido de la letra "G".

d) Deltacismo, que consiste en la incorrecta emisión del sonido cuyos símbolos son las letras "T" y "D".

Es conveniente recordar que no nos expresamos en letras sino en sonidos, por lo tanto las letras son simplemente la representación gráfica de dichas emisiones vocales.

Si bien nos hemos referido a esta clasificación "clásica", es necesario aclarar que en castellano no se emite un sonido único para "S", por ejemplo. Se lo pronuncia de distintas maneras a pesar de que la representación simbólica se escriba con una misma letra. Lo mismo sucede con "R", etc.

Existe una muy estrecha relación entre lenguaje oral en las palabras que tienen afectada su segmentación silábica, el trastorno no es articulatorio sino de otro tipo. Por ejemplo: Cotivo por colectivo, Maca por hamaca, etc.

Debido al hecho de que el lenguaje oral es importante en la vida de relación, cualquier problema fonoaudiológico puede influir en la adaptación social del individuo. Esto depende de tres factores:

1) La reacción del paciente con respecto a su problema fonatorio.
2) La reacción de los demás con respecto a dicho problema.
3) La reacción de este individuo con respecto a las penalidades impuestas por los demás debido a su problema fonatorio.

A su vez, la mala adaptación social puede ocasionar problemas fonatorios; por ejemplo una voz apenas audible puede denotar timidez y falta de confianza en sí mismo; una voz demasiado aguda puede corresponder a individuos excesivamente nerviosos y excitables; la aspiración al hablar puede acompañar a una emotividad exagerada; el volumen muy alto puede denotar estrés, etc.

Los trastornos fonoaudiológicos pueden tener causas y también consecuencias muy especiales. Veamos algunos ejemplos:

Caso 1: Causa desencadenante: dislalia, de cualquier origen. Consecuencia: Los compañeros se ríen de él y el niño se avergüenza, por lo que tratará de mantenerse en silencio.

Caso 2: Causa desencadenante: disfunción auditiva. Consecuencia: El niño entiende mal, presenta dislalias y tiene terribles rabietas.

Caso 3: Causa desencadenante: sobreprotección doméstica. Disciplina excesivamente rígida. **Consecuencia:** se siente inferior a los demás y habla con voz nasal. (Esta característica de la voz se denomina rinolalia.)

Como ya hemos mencionado anteriormente, las dislalias pueden tener causas múltiples. Así, por ejemplo, una dislalia puede deberse a un factor temporario ya superado pero, sin embargo, persistir ésta, como es el caso de la pérdida normal de la primera dentición temporaria y su eventual reemplazo. O el tener colocado un aparato de ortodoncia en los dientes, que lastima y dificulta los movimientos linguales. O puede ser originada por el hermanito-rival, que nació "inoportunamente" y hacia quien está dirigido ahora todo el interés de la familia. O puede ser el caso del alumno que respira mal porque padece de obstrucción nasal y por lo tanto pronuncia incorrectamente; o de ese que está constantemente chupándose el dedo y que ya acusa deficiencias orgánicas especialmente en paladar superior y dentición.

El origen de una dislalia puede ser incluso la disciplina demasiado rígida en el hogar en el que se le exige al niño más de lo que puede dar, comparándolo con el padre a la misma edad, por ejemplo; o todo lo contrario, cuando existe sobreprotección; o peor aún, el caso de ambos alternativamente. Puede deberse también al hecho de que el niño se sienta distinto de los demás como el caso del chiquito estrábico, el de las enormes orejas en asa, el de la mancha purpúrea de nacimiento en pleno rostro; o el tener una inferioridad física como asma, una cardiopatía, defectos en la marcha, o incluso el hecho de ser obeso, demasiado delgado, muy alto o muy bajo. Puede también ser dislálico el hijo de padres separados, el que ha sufrido una experiencia traumática física o emocional, etc.

Como vemos, todos estos niños mencionados previamente son dislálicos y sin embargo la causa desencadenante es bien diferente. El factor común es que lo podemos encontrar en un establecimiento educativo para niños normales.

Subrayamos que la maestra no debe tratar en absoluto de corregir por sí misma al niño dislálico. Si bien este problema puede aparentar ser el de más fácil solución, su etiología puede ser múltiple. Y es según el origen del trastorno cómo se debe actuar, por lo que resulta imprescindible que sea el médico quien dictamine qué es lo que pasa realmente con el niño y cómo se lo debe ayudar.

Por exigencias de la vida moderna en muchos casos la escuela ha pasado de ser "el segundo hogar" a ocupar un lugar más destacado en la vida del niño. El que tendría que ser el hogar verdadero es la casa, donde mira televisión, se baña, come y duerme. Y donde está con un papá y con una mamá que trabajan fuera y vuelven cansados. De ello se deduce la enorme importancia del ambiente escolar, donde el niño pasa la mayoría de las horas útiles, en especial si el establecimiento es de doble jornada.

Es la docente quien puede y debe estar capacitada para prevenir o detectar y aconsejar correctamente a los padres acerca de los problemas más comunes de sus alumnos, incluyendo los fonoaudiológicos.

Como es lógico, todos los niños que padecen un problema, en este caso una fonologopatía tienen tendencia a sentirse frustrados en sus esfuerzos para causar una buena impresión a través de su manera de hablar, mantener su estatus, obtener buenas calificaciones, ganar y retener amigos y tienden a reaccionar a esta frustración en forma irritada o desagradable, llegando incluso a perder su entusiasmo por el colegio y pareciendo tímidos y huraños o exageradamente agresivos. La totalidad de la personalidad del niño se ve alterada por el problema y a medida que pasa el tiempo, lo será cada vez en mayor grado.

Lo importante para cualquiera de estos casos es efectuar una detección precoz, derivarlo al profesional médico quien hará el diagnóstico correcto e indicará el tratamiento temprano y eficiente, con su posterior seguimiento. En caso de no cumplir con lo que acabamos de enunciar, el problema se instalará en forma progresiva cada vez más notoria y si es solamente funcional en su origen podría llegar a convertirse en orgánico. Obviamente esto hace su tratamiento y curación más dificultoso.

Es importante que al detectar un problema fonoaudiológico la docente tenga en cuenta si éste se exacerba con tensiones ambientales, si ocurre solamente en el lenguaje espontáneo o asimismo, en la lectura; si el alumno se muerde las uñas y/o chupa o muerde los lápices —lo que denota tensiones o ansiedades que pueden ser transitorias o desencadenadas por el mismo ámbito escolar—. Asimismo, es conveniente que revise con mayor periodicidad que lo habitual el cuaderno de dicho alumno, teniendo en cuenta si hay desprolijidad y borraduras exageradas —las que pueden denotar inseguridad— líneas mal controladas con escapes y con diferencias de presión muy notorias, así como la imposibilidad para efectuar trazos de pequeño tamaño —lo que puede indicar un problema madurativo—. Puede también estar atenta al comportamiento del resto de la clase con respecto a este niño, si toman como una gracia lo que hace y lo festejan o se burlan de él. Toda esta información recogida en la escuela será de utilidad para el profesional a cargo de su tratamiento.

¿Qué más puede hacer el docente para ayudar al niño con problemas fonoaudiológicos? Antes que nada, tener presente que cariño, interés y aun conmiseración no reemplazan al conocimiento científico que debe poseer para ser verdaderamente útil. La maestra debe estar lo suficientemente actualizada como para poder actuar ella y hacer actuar al resto de la clase adecuadamente. Es importante saber qué hacer y en especial qué no hacer.

Pasaremos a referirnos a algunas características generales de los niños dislálicos. Para ello es necesario recordar que, según Johnson, la relación entre el habla y la personalidad es doble ya que uno afecta a la otra, que a su vez vuelve a afectar el primero.

Este hecho no es solamente circular sino también acumulativo. Cualquier característica anormal del habla, como ya hemos visto, tiende a alterar la personalidad del que lo emite, en especial debido a la reacción de los demás que de este modo refuerzan la reacción del individuo frente a su problema, agudizándolo. Una vez que se le coloca al niño el rótulo de "dislálico" o de "tartamudo", que el ambiente y el propio niño aceptan y éste sufre, la relación social entre el niño y el ambiente se va deteriorando cada vez más, lo que a su vez agudiza su problema; es un círculo vicioso.

En general los problemas de este tipo ejercen una enorme influencia sobre la personalidad del alumno, quien paulatinamente va perdiendo su autoconfianza. Nos permitimos sugerir al docente que lleve a cabo una experiencia personal única, entre otros motivos, porque no querrá hacerla más de una sola vez. En un lugar donde no se lo conozca, asumir las características de un tartamudo o de un dislálico múltiple y requerir información, efectuar una compra, ordenar una comida, etc. Sin tener la personalidad propia de estos casos llegará a sentir (¿sufrir?) las reacciones del ambiente al respecto. Imaginemos entonces el caso real de nuestro alumno que tiene que convivir con este problema.

El ingreso en el jardín de infantes o en primer grado de un niño con lenguaje inestable requiere un cuidado especial. La interrupción abrupta de sus hábitos, la alteración de su círculo vital y la ampliación del medio ambiente traen aparejados una enorme falta de seguridad que en los niños con inestabilidad fonética puede resultar un deterioro en el desarrollo del lenguaje.

¿Qué puede hacer el docente en estos casos? Debe recordar que si el niño pronuncia siempre incorrectamente porque no puede hacerlo de otra manera, lo hará también en la escuela, como es lógico. Lo importante es que a pesar de su dificultad conteste lo que se espera de él y se sienta bien al respecto. De esta manera la docente no sólo le dará seguridad, sino que su actitud será un buen ejemplo para el resto de la clase. O sea, que si la maestra lo acepta, los compañeros también lo aceptarán. Por ejemplo, registremos el siguiente diálogo:

Docente:—*¿Qué flor es ésta y de qué color es?*
Alumna: —*Es una Wosa y es Woja.*
Docente: —*Muy bien. Es una rosa y es roja.*
    Otro diálogo:

Docente: —*¿Cuánto son seis más seis?*
Alumno: —*S... s... seis y ... / ... s... seis ssson do-do-ce.*
Docente: —*Muy bien, seis y seis son doce.*

En estos casos el maestro no obliga al alumno a ir más allá de sus posibilidades fonatorias, o sea que acepta de un niño dislálico lo mejor que éste puede dar (o incluso algo menos). Si la respuesta que da a una pregunta es la correcta, se la acepta sin tener en cuenta la forma cómo la dijo. Este alumno no debe tener una posición de privilegio ("pobrecito") ni tampoco de discriminación, basados en su problema. Debe sentir que no será sancionado por hablar incorrectamente, lo que constituye un gran estímulo para él. Pero por otra parte, el docente debe tener en cuenta cuando pronuncia correctamente de no felicitarlo por ello ya que de esta manera, en realidad, está haciéndole sentir desaprobación cuando comete errores de articulación. Por supuesto, esta situación cambia cuando el docente sabe positivamente que el niño está en tratamiento foniátrico y que ha alcanzado una etapa en la que le es posible hablar sin cometer defectos, por lo menos en ciertas situaciones. En este caso es importante hacerle sentir al niño que el docente lo aprueba porque se ha esforzado en pronunciar correctamente.

Por otra parte debemos recordar que una criatura con problemas fonoaudiológicos no deja por ese motivo de ser un niño y también que, aparte de estos problemas, tiene los mismos motivos que todos sus compañeros para sentirse en ciertos momentos, triste, preocupado, enojado, tímido o desilusionado y actúa consecuentemente.

Salvo excepciones, las características generales a que lleva el lenguaje anormal son las siguientes:

a) **Pérdida de:**

1. Confianza en sí mismo
2. Amor propio
3. Entusiasmo
4. Curiosidad e interés
5. Alegría
6. Aceptación y comprensión hacia las demás personas
7. Compañerismo
8. Cooperatividad
9. Sentimiento de pertenecer a un determinado grupo o lugar

b) Aumento de:
1. Sentimiento de inferioridad
2. Apatía
3. Desilusión
4. Tristeza
5. Antagonismo hacia los demás
6. Combatividad en reemplazo de cooperación
7. Soledad y tendencia al aislamiento

Debemos recordar que la psicología del que sufre trastornos es básicamente la psicología de la frustración.

En general, el docente debe conocer las capacidades, potencialidades y limitaciones de cada alumno para saber en qué circunstancia y ante qué tareas puede exigirle un determinado nivel de rendimiento ya que es importante que el niño tenga un desempeño exitoso en la escuela. Corresponde a la maestra ayudarlo a encontrar su lugar dentro del grupo escolar, tanto en clase como en el recreo. Conviene tener en cuenta que una constante amenaza de fracaso puede impedir el desarrollo armónico de su personalidad.

La escuela debe evitar en lo posible las frustraciones e insistir en prevenirlas. Si esto es necesario en el caso de un alumno normal, lo es mucho más en el que presenta un problema (fonoaudiológico o de cualquier otra índole).

5

Fonologopatías: dislalias
(Segunda parte)

* Respiración bucal.
* Deglución atípica.
* Fisura labiopalatina.
* Dislalias múltiples.
* Discapacidad auditiva.
Trastornos del ritmo: tartamudez. Etiología,
actitud del docente, entrevista con los padres
del alumno con problemas.

Los siguientes son casos ilustrativos de las fonologopatías más comunes en el ámbito escolar. En todos ellos hemos exagerado la sintomatología intencionalmente para facilitar su detección. Es importante tener en cuenta la necesidad de su tratamiento precoz, ya que no deben subestimarse esperando una remisión espontánea.

Respiración bucal
(Tabla X)

Pedrito tiene 8 años y parece de 5. Es flaco, desgarbado, se cansa con facilidad, tiene mal color y hasta aparenta tener el pecho hundido. Está pálido, ojeroso, con los ojos lacrimosos y la mirada como dormida. Permanece siempre con la boca entreabierta, en especial cuando duerme, que es cuando ronca y babea la almohada. Siente la nariz tapada ya sea con comienzo nocturno, lo que le dura casi todo el día siguiente, o cuando realiza esfuerzos físicos, o cuando penetra en un ambiente cerrado. Se fatiga con facilidad al respirar porque utiliza músculos que normalmente no tienen ninguna participación en la respiración. Presenta prognatismo del maxilar superior, tiene el mentón poco desarrollado y el labio superior tan corto que se le ven los dientes, su paladar es estrecho y alto y los dientes están mal implantados. Tiene una discapacidad auditiva y habla con voz nasal reemplazando unos sonidos por otros, como lo hace la persona que está muy resfriada. Le resulta sumamente difícil pronunciar correctamente los sonidos que se articulan por la unión de los dos labios. Se alimenta mal ya que no mastica la comida lo suficiente porque necesita la boca para respirar. Además su tipo de mordida es patológico. Presenta trastornos de calcificación. En su hogar está sobreprotegido y, por ello mismo, coartado en sus manifestaciones de independencia. En la escuela es un alumno pobre en atención, de memoria generalmente deficiente y escasa vivacidad.

¿Qué le pasa a Pedrito? Es un respirador bucal, o sea que respira por la boca constantemente en lugar de hacerlo por la nariz, que es la única respiración fisiológica. Recordemos que la inspiración nasal calienta, humedece y purifica el aire proveniente del exterior. En cambio si solamente es utilizada la vía bucal, ésta originará una serie de anomalías que se acentuarán cada vez más.

Las causas desencadenantes de la respiración bucal pueden ser: desviación del tabique nasal, pólipos, vegetaciones adenoideas, pasaje nasofaríngeo angosto, hipertrofia de las amígdalas, membrana nasal inflamada, rinitis crónica, cornetes inflamados, infecciones periódicas de las vías respiratorias superiores, alergia, asma o simple mal hábito respiratorio. En el caso de Pedrito, éste sufre de obstrucción nasal provocada por el crecimiento anormal, o hipertrofia de las vegetaciones adenoideas, por lo que se lo denomina adenoideo. Apenas la mamá notó que el niño mantenía constantemente la boca entreabierta, entre otras características, tendría que haber consultado al médico de inmediato. Una vez realizado el tratamiento correspondiente, el niño hubiera mejorado con rapidez no sólo física sino también intelectualmente. En este caso, a Pedrito le espera un proceso más largo, ya que el niño tiene en el rostro los rasgos característicos del adenoideo, que ya hemos mencionado al describir este caso. Hay que enseñarle a hablar correctamente, pero antes debe aprender a respirar normalmente por la nariz.

Con la fonoaudióloga, aprenderá a: respirar utilizando la vía nasal, ampliar su capacidad torácica, estimular el diafragma, efectuar ejercicios de resonancia nasal, reeducar sus fonemas labiales. Incluso se le hará ortopedia si fuera necesario. Tanto la madre como la fonoaudióloga estarán atentas para reforzar su tratamiento. En cuanto a la docente, ésta puede ayudar a su alumno respirador bucal haciéndolo participar, como al resto de la clase aunque más activamente, en los juegos que se describen en el Apéndice I.

Deglución atípica

Romina ha usado chupete hasta cuando iba al jardín de infantes. Además, aparte de sus comidas, ha tomado mamadera hasta los tres años. Ahora, que está en primer grado, se chupa el pulgar con el que reemplaza al chupete o la mamadera.

El suyo es un caso de deglución atípica.

La deglución es el acto automático e inconsciente que realizamos para tragar saliva, alimento o aire, y que se lleva a cabo estando despiertos y también dormidos.

La deglución atípica comprende cualquier desviación del patrón para tragar normalmente, como también la persistencia de hábitos infantiles para tragar, después de cumplidos los dos años de edad. Los hábitos que más perjudican la oclusión bucal son el chupeteo de los dedos, especialmente del pulgar, la mamadera y el chupete una vez finalizada la lactancia.

Estos hábitos actúan mediante la triple acción de intensidad, tiempo y frecuencia, que eventualmente llegan a influenciar la estructura ósea de la cara, la masticación y la deglución.

El equilibrio entre las fuerzas musculares externas, representadas por los labios, y las fuerzas musculares internas, ejercidas por la lengua, se traduce en una correcta relación entre los maxilares y los dientes. Pero si una fuerza predomina sobre la otra, el equilibrio se rompe, como en el caso de Romina.

La deglución atípica, con interposición de la lengua hacia adelante, está generalmente acompañada por respiración bucal, maloclusiones y dislalias; los sonidos afectados son "N", "L", "D", "T" y especialmente "RR" y "S".

No debe el docente recriminar al alumno por chuparse el dedo, pero es conveniente que alerte a los padres sobre sus consecuencias.

Es interesante consignar que en la actualidad se ha producido un aumento en la casuística de alumnos con deglución atípica. Este hecho no significa que el número de niños con este problema se haya realmente incrementado, sino que la relación odontólogo-foniatra se ha hecho más estrecha, lo que facilita una pronta derivación de estos casos del dentista al foniatra, así como el trabajo en equipo entre ambos profesionales.

Fisura labiopalatina

El labio leporino consiste en la persistencia de la o las fisuras que el embrión posee durante su gestación en la vida intrauterina. El labio superior se forma por la unión de tres partes separadas por dos fisuras labiales las que, de mantenerse así, originan el labio leporino unilateral o bilateral. Las fisuras labiales pueden presentarse asociadas a fisuras del paladar (o palatinas) que abarcan el paladar óseo únicamente o el paladar blando. También puede darse el caso de fisuras palatinas totales que involucran paladar óseo y blando. Ya en la novena semana de gestación deben haberse unido por la línea media las dos partes que componen el paladar en un embrión normal.

Las funciones que en tan limitado espacio facial se ven perturbadas son de suma importancia porque hacen a la vida del bebé: respiratoria y digestiva. Su fase respiratoria se encuentra alterada debido a fenómenos obstructivos así como por la perturbación de la dinámica aérea a ese nivel.

El aspecto digestivo se ve comprometido en sus funciones masticatoria y deglutoria; el infante no puede succionar ni tragar correctamente proque el alimento es arrojado por la nariz. Es necesario entonces colocarle el alimento mediante una sonda en la parte posterior de la lengua para que se deslice por gravitación. Más adelante también otras funciones se verán alteradas: la fonatoria en sus componentes rinofaríngeos y bucodentales, así como la auditiva probablemente debido a la inflamación y/o infección propagada a través de la trompa de Eustaquio, que le producirá una disfunción auditiva de conducción. También se verán perturbadas la mímica facial, el llanto, la risa, etc. El tratamiento del fisurado se enfoca actualmente mediante el trabajo en equipo de un grupo de especialistas, el pediatra ortopedista bucal, otorrinolaringólogo, cirujano plástico, neurólogo, psicólogo y foniatra; cada uno de los cuales encara un aspecto determinado de tan compleja afección.

Se considera que el esfínter labial debe ser reparado lo más precozmente posible siempre que las condiciones de peso y salud del infante lo permitan, a los efectos de poner en marcha la dinámica funcional a ese nivel. Con ello se estimulan las estructuras utilizadas, lo que a su vez redunda en una mejoría de las funciones respiratoria y digestiva, así como del estado general. La sutura del paladar blando se realiza cuando éste se encuentra lo suficientemente desarrollado.

Este problema físico del bebé puede originar una dinámica familiar patológica. Al comienzo, los padres pueden experimentar un sentimiento de culpa, vergüenza, hostilidad o rechazo, que luego puede trocarse en ansiedad y sobreprotección junto con una actitud conflictiva hacia el medio ambiente. Por supuesto que en este caso, como en cualquier otro, esta actitud varía de acuerdo con la madurez emocional e intelectual de los padres.

En cuanto al lenguaje en sí, las consonantes áfonas se producen con escape nasal o como sonidos fricativos, mientras que las vocales y las consonantes sonoras también se nasalizan. Sólo "M", "N" y "Ñ" mantienen su característica ya que son normalmente nasales. También las fricativas "S", "F" y "V" se emiten acompañadas por una pérdida de aire nasal. En cuanto a la voz, ésta presenta un timbre característico. Además estos niños pueden padecer de hipoacusia, lo que a su vez influye negativamente sobre su fonación y articulación. En el caso de fisura palatina es conveniente tener en cuenta la totalidad del aparato fonatorio. Además de la hendidura del paladar puede haber severa mala oclusión, implantación dentaria deficiente, flexibilidad y motilidad lingual pobres, características patológicas de la faringe, etc. Por otra parte, las anormalidades varían de un individuo a otro, lo que hace imposible generalizar. Además no hay una sola manera invariable de producir un sonido ya que cada individuo lo hace de acuerdo con la estructura de su propio aparato fonatorio. Por otra parte las técnicas de reeducación varían de acuerdo con la edad, inteligencia, personalidad, circunstancias y severidad del problema. El equipo a cargo del fisurado no se ocupa sólo de su boca sino que lo hace sobre la totalidad del individuo, abarcando sus problemas físicos, sociales, educacionales, etc.

El niño con fisura labiopalatina es un caso en el que los padres están actuando ya desde hace varios años. Por lo tanto la misión específica del docente consistirá en lograr la aceptación del resto de la clase y convertir a un chico "distinto" en un alumno más. Por ejemplo, como corolario de algún cuento o relato, puede guiar a sus alumnos para que lleguen a la conclusión de que hay niños gordos o flacos, altos o bajos, lindos o feos, que pronuncien bien o que lo hagan con dificultad, pero que lo importante es que sean buenos, estudiosos y trabajadores —o algo similar. Asimismo puede hacer la práctica de distintos tipos de ejercitación, que figuran en el Apéndice I.

Dislalias múltiples
(Tabla X)

Éste es el caso de Viviana, de 4 años, que se comporta como si fuera mucho menor, se niega a hablar y llora desesperadamente cuando la llevan al jardín de infantes. Esta niña ha sido siempre normal; se sentó, paró, caminó y empezó a hablar a su debido tiempo y fue haciendo los progresos normales. Hija única, fue siempre muy mimada. Luego la madre quedó embarazada. La niña se puso inquieta aunque no se le hubiera dicho nada, mejor dicho porque no se le dijo nada. Cuando nació el varoncito se puso peor. Las amistades llevaban regalitos para él y generalmente nada para ella. Oía expresiones del tipo de "Por fin llegó el varón". Viviana, cuentan, se hizo mala, le quería pegar al bebé, no permitía que nadie lo viera. También se hizo rebelde y llorona. Cuando su mamá bañaba o daba de mamar al chiquito no se la dejaba entrar, entonces gritaba y daba puntapiés a la puerta. Se negó a volver a la escuela y volvió a mojar la cama de noche. Incluso se volvió muy agresiva con sus compañeritos del jardín.

Se cometió el error de castigarla, sin resultados positivos, por supuesto. Y también dio un salto atrás en el lenguaje; volvió a hablar como si ella misma fuera una criatura pequeña, reemplazando unos sonidos por otros o suprimiéndolos, con lo que cada vez se hace más difícil entenderla. Este problema cabe bajo el diagnóstico de dislalias múltiples, es decir la incorrecta emisión de varios fonemas, pero en realidad éste no es un diagnóstico, sino simplemente la etiqueta que se le coloca al paciente que habla con estas características por tener determinados trastornos de índole neurológica, auditiva, madurativa, psicológica, etc.

¿Qué pasa con Viviana? Orgánicamente la niña no tiene nada, pero está sufriendo un estado de ansiedad, de angustia, de desequilibrio emocional, o sea una regresión originada por el nacimiento del hermano.

Ya es tarde para hacer lo que se tendría que haber hecho; prepararla convenientemente para que ella también fuera feliz con el nacimiento de su hermanito y no su rival; por eso ahora, en lugar de enfrentarse y adaptarse a esta situación psicológica traumatizante, utiliza esta energía para retornar a una actividad que le produjo satisfacción en una etapa ya superada. En este momento lo que la familia debe hacer es hacerle sentir que el amor que le han manifestado siempre sigue siendo el mismo e integrarla en el nuevo grupo familiar. Viviana debe sentirse querida y apoyada por su ambiente familiar y también por su ambiente escolar.

Hay ejercicios foniátricos específicos para cada tipo de dislalia, pero en este caso y solamente si persisten después que las relaciones en hogar se hayan ajustado a la nueva realidad, llegará el momento de ponerlos en práctica, junto con algún otro tipo de terapia. Lo más probable es que a medida que Viviana se vaya sintiendo más segura vaya también readquiriendo una conducta y una dicción normales.

¿Qué puede hacer la docente en este caso? Darle todo el apoyo afectivo que necesite y tenerle mucha paciencia; además se sugiere que esté en contacto con la mamá y también con la psicopedagoga para ir adaptando su actitud de acuerdo con las necesidades y progresos de su alumna.

Discapacidad auditiva
(Tabla X)

Dice la maestra de Ximena que es una chica difícil y muy retraída. Además sólo presta atención cuando el tema le interesa. En ese momento es impresionante cómo le clava la vista.

Sus respuestas al sonido parecen sin ningún sentido, aunque da la impresión de oír los sonidos graves a una intensidad normal, por lo que la docente no sabe en realidad qué le sucede. Por otra parte habla prácticamente a los gritos y pronuncia mal.

Oye peor en un ambiente ruidoso y está siempre cansada. Su cuaderno es muy desprolijo y está lleno de tachaduras. Su rendimiento escolar es bajo. No se integra y está siempre sola.

Ximena padece la discapacidad auditiva denominada hipoacusia de percepción.

Dice la maestra que Daniel es un chico difícil, agresivo, que no se integra y prefiere estar siempre solo.

A veces parece no poder oír, pero otras, cuando hay mucho ruido, oye bien. Esto es una incongruencia para la docente, que no entiende qué pasa con su alumno.

Habla con voz muy suave, casi inaudible, y pronuncia mal. Además tiene numerosas inasistencias, se queja de dolor de oído y parece siempre cansado. Es muy inquieto, está siempre moviéndose y ni siquiera se da cuenta del ruido que hace al moverse. En cuanto a su cuaderno, está lleno de errores y tachaduras. En clase está siempre desatento y no participa en actividades orales.

Daniel padece la discapacidad auditiva denominada hipoacusia de conducción.

La discapacidad auditiva puede deberse a lesión o daño orgánico y también a disfunción auditiva. Cualquiera de estas causas puede alterar la adquisición del habla, el desarrollo del lenguaje y la escolaridad del niño, como vemos en los casos de Daniel y de Ximena. Existe una relación significativa entre la naturaleza y la magnitud de la pérdida auditiva, y la cantidad y calidad del retraso lingüístico, especialmente en sus aspectos de comprensión.

El siguiente es el proceso normal de la audición: al principio, el lactante sólo reacciona frente a repentinos ruidos fuertes que lo asustan, es decir que sus reacciones tienen un carácter reflejo, sin ninguna significación determinada. Más adelante, el bebé pasa gradualmente a una discriminación de los sonidos que se producen en el ambiente circundante. Aprende a transferir la sensación sonora hacia afuera de su propio cuerpo. Este proceso comienza generalmente alrededor del cuarto mes, cuando ya ejerce control sobre los movimientos de cabeza y ojos, y puede dirigir su atención voluntariamente para localizar la fuente sonora. La audición se desarrolla entonces hacia un escuchar consciente. Logrará primero una discriminación acústica burda y pasará más adelante a una refinada.

Según Wepman, el procesamiento auditivo es la capacidad de recolectar, transmitir, decodificar e integrar todas las señales recibidas en todos los niveles de las vías auditivas.

En cuanto a la audibilización, ésta es la posibilidad cerebral de reaccionar selectivamente ante el estímulo sonoro, a los efectos de diferenciar rasgos o atributos no verbales y verbales. Tanto las fallas de audición como las de audibilización interfieren en el desarrollo del lenguaje.

La percepción figura-fondo es la capacidad para diferenciar lo que es señal de lo que es ruido de fondo, separándolos significativamente. Por ejemplo es el caso de una conversación en un ambiente ruidoso: la mamá pide a su hijo que le alcance algo (mensaje o señal) mientras ella hace uso de la aspiradora o la enceradora, etc. (fondo). Toda deficiencia auditiva que no ha sido descubierta y tratada a tiempo tiene efectos sumamente nocivos para el desarrollo lingüístico, intelectual y social del niño. Una deficiencia auditiva se detecta y confirma más rápidamente cuando ésta es notoria; por lo tanto cuanto más leve es el daño auditivo, más tarde se darán cuenta de ello los padres y los maestros, y por lo tanto también será diagnosticado médicamente en forma tardía, con lo que se pierde un tiempo valiosísimo en lo que hace a su tratamiento y reeducación.

Es importante que ante un niño que hable o pronuncie mal o se lo note desatento en clase, piense la docente que este alumno puede padecer una disfunción auditiva.

Dice Quirós que la sordera es la pérdida auditiva que impide la socialización del niño y la incorporación del lenguaje como estructura. La hipoacusia, en cambio, es la pérdida auditiva que permite que el niño adquiera, sin embargo, el lenguaje. Este es el caso que podemos encontrar en la escuela.

La disminución auditiva parcial puede llevar no sólo al retardo en la adquisición de la palabra y alteración de la voz, sino también a alteraciones del ritmo, omisiones, sustituciones o defectuosa reproducción articulatoria. El niño oye mal y repite lo que oye, creándose una serie de dislalias de causa auditiva; éste constituye el trastorno más frecuente en niños en edad escolar. Además puede presentar alteraciones de la voz de características físicas, como intensidad, altura tonal, etc. ya que, al faltar el autocontrol de su propia voz, el niño puede hablar con una intensidad mayor que la normal o todo lo contrario, emitiendo una voz apenas perceptible. En el primer caso sufre de hipoacusia de percepción, o sea, de la alteración del oído interno, lo que lo obliga a elevar la voz para escucharse. Su hipoacusia aumenta en las reuniones bulliciosas o cuando le hablan rápidamente o con mala dicción. Su respuesta al sonido aparece como irregular porque a veces responde y otras no. Se lo acusa de no prestar atención y de oír solamente lo que le interesa. Puede oír sonidos graves, las vocales, a una intensidad relativamente normal, pero necesita una intensidad mucho mayor para oír los tonos agudos. Omite o distorsiona la emisión de los sonidos sibilantes, intercambia fricativas, no utiliza resonancia nasal normal, usa un patrón monótono. Éste es el caso de Ximena.

El segundo caso es el de hipoacusia de conducción y está motivado por procesos en el oído medio, la trompa de Eustaquio o en el oído externo, lo que hace que le retumbe su propia voz al hablar y consecuentemente baja el volumen al utilizarla. Oye mejor los tonos que los bajos o presenta una pérdida auditiva moderadamente uniforme. El hipoacúsico de conducción oye mejor en un ambiente ruidoso. Veamos por qué. La persona con audición normal cuando está en un ambiente con mucho ruido sufre un desplazamiento del umbral de su audibilidad, o sea, le tienen que hablar más fuerte y a su vez tiene que hablar más fuerte. El hipoacúsico de conducción, al no oír la mayor parte del ruido ambiental, no presenta desplazamiento de su propio umbral de audición, y por otra parte, al elevar el volumen de la voz las personas que lo rodean lo benefician porque de esta manera puede oír mejor. Éste es el caso de Daniel.

El porcentaje de niños en edad escolar con discapacidad auditiva es importante. Corresponde a alumnos cuya audición no les ha impedido hablar espontáneamente pero en los que la palabra se presenta alterada y el lenguaje sufre un retraso en su desarrollo. La incidencia de esta discapacidad en la evolución del lenguaje en el niño varía según su grado de intensidad, su época de aparición y también el ambiente en el que se desarrolla.

El hipoacúsico leve, o sea el llamado vulgarmente "duro de oído", de nivel mental normal, puede pasar inadvertido en el ambiente familiar y ser descubierto recién cuando asiste a la escuela. Las causas más comunes de hipoacusia entre los escolares son: cerumen, vegetaciones adenoideas, obstrucciones en la trompa de Eustaquio, secuela de enfermedades infecciosas como parotiditis, encefalitis, otitis media, etc., especialmente durante los dos primeros años de vida, y también procesos supurativos crónicos o a repetición.

Las estadísticas muestran que, entre los repetidores de grado, un alto porcentaje se debe a problemas auditivos.

Por otra parte, dice Schrager que en su práctica médica se encuentra frecuentemente con alumnos rotulados como "hiperactivos", "inmaduros", "disléxicos", o que son considerados como "portadores de una mala relación emocional con el aprendizaje" o "una disfunción cerebral mínima" o "un síndrome de deficiencia atencional". Estudiando estos mismos alumnos en profundidad y sin preconceptos o prejuicios limitantes, surge que muchas de las deficiencias que presentan son debidas a alteraciones en la discriminación auditiva, ya sea en forma aislada o asociada a otras perturbaciones dentro del proceso general del desarrollo.

Asimismo, expresa Schrager que considera lógico que un niño con dificultades en la comprensión de la información sonora (verbal y no verbal) del medio ambiente reaccione contra ella y contra la incompetencia que esa   dificultad le genera entre sus pares, así como contra las exigencias de rendimiento que le plantean sus maestros. Consecuentemente, se producen respuestas emocionales reactivas que, en realidad, son secundarias a otro tipo de deficiencias subyacentes y que no constituyen el problema en sí. Éste puede ser el caso de disfunciones auditivas centrales. Es decir, que el niño puede oír la información sonora pero no interpretar lo que oye correcta o adecuadamente.

Las siguientes son algunas características de niños con diferentes grados de discapacidad auditiva, que pueden alertar a la docente para detectar este problema.

Es el alumno que interrumpe a la maestra o a sus compañeros para continuar hablando de un tema que ya se había abandonado antes; el que presenta dificultad para procesar secuencias auditivas rápidas; que toca bien el piano o entona correctamente las notas musicales pero no entiende cuando se le habla de improviso. El que tiene un buen sentido del ritmo cuando se trabaja sobre notas musicales graves e intensas o sobre vibraciones. Es aquel que dice "No me grite, que así no lo oigo", u "Oigo que alguien me llama, pero no sé de dónde". Es el niño distraído, el que juega en clase, el que tiene pobre capacidad de memoria mediata, el que habla con voz destimbradamente alta o baja (lo que depende del tipo de su discapacidad auditiva), el que no toma parte en juegos colectivos y se aísla, el que no puede seguir un dictado, que presenta desinterés o apatía frente a consignas orales pero que está atento cuando se realizan tareas manuales. Es el que no ríe con frecuencia y tiene tendencia a hacer mucho ruido al moverse, sentarse, ponerse de pie o caminar. Puede también ser aquel que está siempre cansado debido al esfuerzo constante que debe hacer para seguir el desarrollo de la clase ya que, especialmente en los primeros grados, debe escuchar información durante un período que fluctúa alrededor de 3 horas diarias. Es el que contesta a la docente cuando ésta se ubica para hablarle cerca utilizando un volumen de voz superior al normal o le llama la atención tocándolo antes de comenzar a hablarle. También es el niño que se queja de constante dolor de oído o que tiene episodios frecuentes de otitis media. Presenta tendencia a neutralizar los sonidos "E", "I" cuando habla, y dificultad en la emisión de consonantes contiguas así como en los diptongos y triptongos. Por supuesto, es aquel que acostumbra mirar los labios de su interlocutor. Al formular oraciones puede hacerlo con omisiones, dislalias, voz monótona, reemplazando las consonantes sonoras por las consonantes sordas (usa "P" en lugar de "B", por ejemplo). No pronuncia correctamente las palabras con "F", "J", "CH" o "S" porque puede no oír estos fonemas o no alcanzar a discriminar sus diferencias.

¿Qué puede hacer la docente para ayudar a este alumno?

Antes que nada demostrarle comprensión y afecto; hacer que concurra a la escuela tranquilo y sin temor de que los compañeros se burlen de él. Observar las características de su comportamiento, su personalidad y las modificaciones de su carácter. Si presenta ansiedad, indiferencia o interés normal. Si su atención es estable, inestable o pobre. Si la forma de respuesta es compulsiva, meditada o errática. Si en su postura hay torpeza motriz o inquietud; cómo permanece, sentado o de pie, camina o corre. Debe también estar al día en la corrección de sus cuadernos y saber de qué manera trabaja en ellos. Y, por supuesto, conocer las características de su expresión oral: calidad vocal, articulación, vocabulario y sintaxis. Todos estos datos serán de gran utilidad al profesional médico a cargo.

¿Qué puede hacer la docente por el niño en su grado?

Debe ubicar al alumno hipoacúsico en la primera fila de bancos desde donde éste pueda verla con claridad y también al pizarrón. La maestra se mantendrá en un lugar donde sus facciones queden iluminadas para que el niño pueda complementar su percepción auditiva con la lectura labial o por lo menos, gestual. Se dirigirá a él como a los niños oyentes normales, tratando de facilitar su labiolectura y su captación auditiva sin exagerar la articulación, silabear, gesticular, ni mover exageradamente la cabeza. Tener en cuenta que si le da una consigna y el alumno no la ejecuta, decírsela de otra manera pero nunca reemplazarlo por otro alumno, ya que a su problema auditivo agregaría el de la frustración. No sobreprotegerlo y hacerle notar sus éxitos pero también sus faltas. Utilizar material ilustrativo que lo provea de información visual y táctil. Cuando la docente explica algún tema nuevo, escribir en el pizarrón en forma casual las palabras que sus alumnos conocen pero que el hipoacúsico puede no entender porque no han sido utilizadas últimamente. Cuando también está explicando y se da cuenta de que, por no oír bien, el alumno con discapacidad auditiva no está entendiendo, debe repetir lo que acaba de decir, de otra manera distinta, para asegurarse de que entonces sí entiende. Si no lo hace en el momento oportuno, el alumno perderá la totalidad de lo que se está explicando.

En caso de que tenga que usar una prótesis auditiva visible, si se presenta la necesidad, la docente puede explicar a los compañeros en forma sumamente casual que ese aparatito es como el anteojo, para el oído. También de manera sumamente casual, puede dirigir a la clase para que estén de acuerdo en que puede haber alumnos gorditos o flaquitos, altos o bajos, rubios o morochos, que no vean bien o que no oigan bien, pero que lo que realmente importa es que sean niños buenos y que estudien como corresponde (o algo similar).

Es sumamente útil que este alumno participe en todo lo que se lleva a cabo en la escuela, dentro y fuera del aula.

Si la docente sospecha una pérdida auditiva aún no diagnosticada, puede hablarle utilizando distintas intensidades (voz normal, voz alta o voz cuchicheada, cuidando de no distorsionar la pronunciación). Estas pruebas sencillas también pueden ser útiles: hablarle desde lejos sin que vea el movimiento de los labios; hablarle de espaldas sin que por supuesto, alcance a ver su rostro; hacerle oír sonidos determinados como el de los elementos de la banda rítmica, variando no sólo la intensidad y la distancia sino también la ubicación desde donde se emiten los sonidos, que también debe tratar de identificar sin que vea el lugar de donde provienen.

También en el jardín de infantes o en los primeros grados y a modo de juego, puede la docente llevar a cabo actividades para constatar la existencia de déficit auditivos. A saber:

1. Identificación de la ubicación de la fuente sonora **(ruidos de pandereta, castañuelas, triángulos, cam-**

panillas, golpear las manos, toser, estornudar, reír, llorar).

2. Identificación y discriminación de sonidos: agudo-grave; fuerte-suave; lento-rápido.

3. Discriminación de las voces de los compañeros y de la docente (quién le está hablando, en qué parte del salón de clase está).

4. Identificación de sonidos ambientales y su asociación con la fuente productora de los mismos: arrastrar una silla, cerrar la puerta, dejar caer la cartuchera llena de útiles, cerrar con fuerza un libro, borrar el pizarrón, arrugar un papel, etc.

5. Discriminación entre sonidos del habla.

La maestra de grado puede hacer que el alumno reconozca de una lista de 3 palabras en las que solamente difiere un sonido, la palabra que ella emite. Por ejemplo: **miro, tiro, giro; ají, ahí, así; roca, toca; nena, pena, cena.** Esta ejercitación se utiliza como primer paso para constatar su agudeza de percepción figura-fondo. También puede hacerle señalar de una lista de palabras ubicadas de a pares que comienzan con sonidos de alta frecuencia y que se escriben y pronuncian igual con excepción de ese sonido. Por ejemplo: **ese, efe; falto, salto.**

Cabe mencionar que ninguna de estas pruebas es específicamente diagnóstica en sí, sino que simplemente corrobora la necesidad de efectuar los estudios correspondientes por el profesional especializado, al niño del que se sospecha padece un problema auditivo.

En todos los casos, corresponde al docente alertar a los padres cuando sospeche algún problema de esta índole en un determinado alumno, para realizar una consulta médica inmediata. Conviene recordar sin embargo que, como dice Schrager, el concepto de recuperación no significa llevar a la normalidad, sino tratar de obtener los máximos logros posibles dentro de las limitaciones que una determinada patología impone y dentro de las reales capacidades del paciente, previamente evaluadas en todas sus variables.

El niño con discapacidad auditiva, pero con escolaridad corriente gana en capacidad social, seguridad en sí mismo e independencia. En los casos de pérdida auditiva de 20 db, 40 db o incluso de 60 db, el ideal sería poder enviar a estos niños a la escuela común pero reforzándolos al mismo tiempo con una enseñanza especializada y audífono. En el caso de pérdida auditiva menor de 30 db expresa Castorino que pueden concurrir a la escuela común sin apoyo extra escolar, aunque equipados con audífono. Insistimos en que es sumamente recomendable llevar a cabo, con periodicidad anual, tests en todas las escuelas, incluso y muy especialmente en los jardines de infante, para detectar en forma precoz los casos incipientes o no reconocidos de discapacidad auditiva.

Hay que tener en cuenta que las hipoacusias infantiles son enfermedades que pueden afectar el desarrollo del niño en forma perdurable. Por ello deben ser reconocidas, clasificadas y tratadas lo más precozmente posible.

Está apareciendo otro tipo de hipoacusia, típica de la época actual, que podríamos llamar autoprovocada. Es aquella que eventualmente pueden llegar a padecer los jóvenes que oyen música a todo volumen. Al serles efectuada una audiometría, ya es posible detectar una caída en el nivel de audición de ciertas frecuencias.

Es conveniente subrayar que es mucho más útil un sistema de prevención que uno de rehabilitación. Sin embargo, es imprescindible que la docente no infiera de la sintomatología que nota en un alumno que éste debe ser perentoriamente un discapacitado auditivo. Hay otros problemas que pueden presentar cuadros similares y que no tienen ninguna conexión con la sordera.

Consideraciones generales sobre los problemas de aprendizaje en conexión con los trastornos auditivos en la escuela primaria

La definición del término "aprendizaje", que hasta hace pocas décadas se refería exclusivamente a la adquisición de conocimientos, ha ampliado sus alcances. Actualmente abarca la totalidad de las manifestaciones de la personalidad; es decir, cómo el alumno observa, siente, piensa y actúa.

Los problemas de aprendizaje pueden originarse, entre otras causas, debido a disfunción en la percepción viso-motora y auditiva, mala memoria, distractibilidad, períodos breves de atención, etc.

Estos factores influyen sobre el rendimiento escolar de un determinado alumno, resultando menor que lo esperado de acuerdo con los parámetros de su capacidad mental y edad cronológica.

Como es sabido, las dificultades en el aprendizaje pueden llevar a la repitencia y eventualmente al fracaso y la deserción escolar. Por otra parte, es necesario tener en cuenta que no todos los alumnos de la misma edad cronológica acceden a los aprendizajes formales al mismo tiempo. Hay numerosas variables que influyen sobre esta situación, como por ejemplo la mala nutrición, condiciones socio-económicas desfavorables, carencia afectiva, falta de estimulación, problemas de salud, etc.

En cuanto a la detección de los problemas de salud, la MCBA envía equipos del Área programática de los hospitales más cercanos a las escuelas, para efectuar la evaluación psicofísica de los alumnos que concurren a las mismas.

En lo que se refiere al estudio fonoaudiológico, que forma parte del examen psicofísico, la situación ideal sería evaluar la vocalización, respiración, audición, deglución y fonoarticulación de cada niño.

En lo que respecta a los problemas de la audición, conviene recordar que la detección temprana y el tratamiento correspondiente de la hipoacusia infantil disminuyen el impacto negativo de esta afección en cuanto al desarrollo intelectual y lingüístico, así como social y emocional del alumno afectado. Por estas razones consideramos que es necesario efectuar las evaluaciones correspondientes a comienzos del ciclo lectivo, abarcando como máximo los dos primeros bimestres. De esta forma se podría evitar la agudización de los problemas y entre otras consecuencias negativas, que el alumno tenga que repetir el grado.

Test para la detección de alumnos con posible pérdida auditiva

En la actualidad la evaluación de la agudeza auditiva se lleva a cabo alumno por alumno, lo que obviamente insume mucho tiempo. Nuestra propuesta para agilizar este procedimiento consiste en realizar un barrido o *screening* grupal, que nos proporciona resultados inmediatos e individuales.

Este test consta de 2 partes, A y B, transcriptas en cada una de las caras de una hoja de papel que es entregada a los alumnos. La parte A presenta una lista de pares de palabras que incluyen los mismos sonidos con la excepción de uno o de una combinación. La parte B también incluye una lista de pares de palabras empleando los mismos sonidos, de los que varía solamente uno que es de alta frecuencia.

Nombre de la escuela:

Nombre del alumno:

Fecha de nacimiento:

Grado que cursa:

Turno:

Fecha del test:

Test de agudeza auditiva

I

1.	queso	beso
2.	Diego	ciego
3.	abajo	debajo
4.	bote	brote
5.	gaseosa	la osa
6.	noticia	novicia
7.	peces	veces
8.	daño	baño
9.	vuela	abuela
10.	a ver	ayer
11.	goma	doma
12.	estela	es de tela
Totales correctos: _____		

II

1.	sordo	tordo
2.	cierro	fierro
3.	jabón	salón
4.	punta	junta
5.	fin	sin
6.	aso	ajo
7.	foca	coca
8.	jarro	sarro
9.	alto	salto
10.	sopa	estopa
11.	siesta	fiesta
12.	jugar	sumar
Totales correctos: _____		

Grupo:

Procedimiento

El procedimiento es el siguiente:

Una vez ubicados todos los alumnos de manera que no haya posibilidad de que se influyan mutuamente, se les reparte la hoja del test. En ella están consignados el nombre de la escuela así como sus datos personales (nombre, fecha de nacimiento, grado y turno), y la fecha en que se toma la evaluación.

La propia docente o la fonoaudióloga del área se encuentra ubicada de pie al frente de la clase, procurando que los movimientos de su boca no sean visibles para impedir la lectura labial. De ser necesario puede ser reemplazada por una voz grabada en un *compact* o casete de alta fidelidad.

Una vez dadas las explicaciones y consignas necesarias para evitar una situación de nerviosismo y de estrés, la examinadora procede a leer en voz alta la palabra o frase seleccionada de cada par. Lo hace 2 veces seguidas, abarcando un total de 5 segundos. La emisión de su voz es normal, sin exagerar volumen ni pronunciación.

Es irrelevante que los niños conozcan el significado de las palabras ya que deben limitarse sólo a tildar la que oyen. Obviamente, no se permiten interrupciones durante el dictado y se continuará con el procedimiento aunque algún alumno manifieste que está atrasado o que no ha entendido.

Tanto I como II contienen una lista de 12 pares utilizando variados sonidos. De cada lista se tendrán en cuenta sólo 10. Es decir, que hay 2 pares extra que no se considerarán en el cómputo final. Ello se debe a que existe la posibilidad de que el niño cometa un error por nerviosismo, no haber entendido la consigna, etc. y no por pérdida auditiva. Descartando estos 2 pares, quedan entonces 10 en cada lista, que son los que se tendrán en cuenta para la clasificación en grupos A, B, o C. A.

Una vez completado el *screening* que proponemos, se evalúan los resultados rápidamente utilizando una grilla; lo que además de la rapidez tiene la ventaja de dejar la constancia gráfica de los resultados del mismo.

De acuerdo con su rendimiento, los alumnos pueden ser divididos en 3 grupos:

Grupo A: No ha cometido errores o éstos han sido menos de 2 por lista. Audición normal. Corresponde a la mayoría del grado.

Grupo B: Ha cometido más de 2 errores. Audición por debajo de lo normal.

Grupo C: Respuesta errática. Audición o resultado irregular.

Se descarta el grupo A que no necesita ningún otro tipo de evaluación ya que es normal. Tanto los integrantes de los grupos B como C son derivados a la fonoaudióloga para un examen auditivo individual y su posterior reeducación, de ser necesaria. Se sugiere utilizar este test a partir de 3.° grado.

Esta prueba no es específicamente diagnóstica en sí, sino que resulta útil para, en una rápida primera instancia, descartar o corroborar la necesidad de llevar a cabo los estudios correspondientes y más sofisticados cuando se sospecha una pérdida auditiva.

En cuanto a los docentes, éstos también pueden padecer distintos grados de hipoacusia causada, en este caso, por el ruido excesivo y constante de las máquinas en el taller, cuyo manejo enseñan a sus alumnos en las escuelas industriales.

En otros casos la aparición de la hipoacusia puede estar asociada con la disminución fisiológica que es dable esperar con el correr de los años.

Es decir, que en un docente que continúa trabajando en la llamada "tercera edad", es normal que presente un cierto grado de pérdida auditiva, como le sucede a cualquier contemporáneo suyo, esté en actividad o no. Se deduce de ello que la hipoacusia en el docente no depende de su antigüedad en el ejercicio de la profesión (con excepción de las escuelas industriales).

A continuación presentamos la Tabla I elaborada por OSPLAD, que reafirma este concepto.

Tabla I

Relación entre hipoacusia y antigüedad en la profesión sobre 280 afiliados titulares				
	Menos de 10 años	Más de 10 años	Total	V A L O R A B S O L U T O
Con hipoacusia	23	63	86	
Sin hipoacusia	75	119	194	
Total	98	182	280	

- Realizada la prueba del CHI² se llega a la siguiente conclusión:
- A un nivel de significación del 1 % no es posible afirmar que exista asociación entre la antigüedad en la profesión definida como riesgo y la aparición de hipoacusia como daño.

$CHI^2 = 3,72$
$\alpha = 0,01$

Trastornos del ritmo: tartamudez

La tartamudez puede definirse en forma incompleta como un desorden en el ritmo o la fluidez del habla, que se manifiesta mediante la repetición de sonidos, palabras o frases o mediante la prolongación de sonidos, pausas, jadeo, bloqueos u otras hesitaciones. Se caracteriza por frecuentes espasmos que interrumpen el ritmo normal del habla. Generalmente, éstos abarcan la musculatura de la cara, labios, mandíbula, lengua, laringe y aparato respiratorio. Los espasmos pueden producir un bloqueo o la repetición de consonantes explosivas, prolongación de fricativas o nasales, también de vocales, falta de inspiración o espiración del aire, etc. Estos espasmos pueden también no afectar prácticamente las palabras, pero en cambio el tartamudeo efectúa contorsiones faciales, movimientos bruscos de la cabeza, del cuello, parpadeo rápido, temblor o movimientos bruscos de la mandíbula que se mantiene contracturada, movimientos de los labios, dilatación de las narinas, agitar de brazos, extensión y golpeteo de los dedos de la mano, golpe de los pies en el piso, etc., que no puede controlar. Si bien no hay un consenso general, pero debido a sus diferentes causas, hay en la actualidad una tendencia a referirse a "las tartamudeces".

Como es obvio, la tartamudez está acompañada por ansiedad, frustración y tensión, incluso también por miedo y angustia en ciertos casos, así como por una disminución en la autovaloración.

Además, cuando el tartamudeo presenta dificultad en la emisión de determinados sonidos, crea un juego mental de reemplazos y emite palabras cuyo comienzo no tenga esos sonidos. Esta actitud le acarrea eventualmente serios problemas de origen semántico, como pobreza de vocabulario, mal uso de pronombres, o de otros elementos de la oración, empleo de partículas parásitas, invención de palabras, supresión de otras que son necesarias para la comprensión de lo que está tratando de decir, inversión en el orden de los componentes de la oración, etc.

Se han formulado distintas teorías acerca del origen de la tartamudez. En la actualidad, una de ellas sostiene que no depende tanto de la coordinación de los músculos respiratorios y articulatorios, como es dable suponer, sino de la coordinación de los músculos agonistas, es decir los que cierran la glotis, y de los músculos antagonistas, es decir los que la dilatan.

En el tartamudeo estos músculos se contraen o relajan en forma incompleta y asincrónica en relación con la intensidad del otro.

Cowes enumera los principales factores que, entre otros, pueden encontrarse en el origen de este trastorno del ritmo del habla. Menciona factores hereditarios, endócrinos, congénitos, traumáticos, infecciosos, del sistema neurovegetativo, respiratorios, neurológicos, psicológicos y ambientales.

Quirós agrega a éstos, factores idiomáticos (relacionados con el bilingüismo), alérgicos, cardiovasculares y metabólicos.

Cowes sostiene que la tartamudez está originada por una o más causas que actúan sobre un terreno predispuesto, y que el componente psíquico puede ser tan importante como para llegar a enmascarar su causa principal.

Quirós y Schrager sostienen que, si bien las causas enumeradas pueden intervenir en su origen, una vez establecido este trastorno se mantiene por obra de un mecanismo que revela perturbaciones fono-articulatorias, afectivo-emocionales y neurovegetativas.

La tartamudez se clasifica en primaria y secundaria. La primaria presenta repeticiones, prolongaciones de sílabas y bloqueos solamente. La tartamudez secundaria agrega a las dificultades fono-articulatorias ya mencionadas la serie de fenómenos sobreagregados que ya hemos descripto. Éstos aparecen cuanto más trata el paciente de disimular su problema.

Burdamente podemos tratar de comparar lo que sucede en este mecanismo con pretender abrir una puerta empujándola con toda nuestra fuerza mientras que otro, también con toda su fuerza, está empujando para mantener la misma puerta cerrada.

Las siguientes son algunas de las preguntas más comunes que nos podemos formular sobre la tartamudez:

- *¿Es hereditaria?*

Según una hipótesis, la respuesta es negativa debido a que se la considera una conducta y no una característica física; lo que sí tiene una enorme importancia es la influencia del entorno del individuo. Sin embargo, cabe mencionar que otra hipótesis se refiere a una predisposición hereditaria sin alteración orgánica manifiesta.

- *¿Se debe a un defecto congénito?*

Prácticamente todos los que padecen este problema pueden cantar o hablar siguiendo un ritmo determinado, cuchichear, gritar, conversar consigo mismos, leer a coro, hablar en dialecto, etc., sin tartamudear.

Se deduce de ello que, si fuera un defecto orgánico, tartamudearían siempre. Por lo tanto y dado que esto no ocurre, se supone que el organismo de un tartamudo no difiere del que habla normalmente.

- *¿Es contagiosa?*

No. En la escuela ningún alumno va a contagiarse de un compañero que es tartamudo; puede oírlo o incluso imitarlo sin que por ello se convierta a su vez en tartamudo. Se necesita mucho más que un modelo defectuoso para convertirse en tartamudo.

- *¿Es la tartamudez una característica familiar?*

Si bien puede haber una predisposición congénita hereditaria, también se supone que depende en gran medida de la tradición, actitud y miedos familiares. En una familia sin antecedentes de tartamudez, el hecho de que una criatura de tres o cuatro años sea disfluente, no preocupa a nadie. En cambio, en una familia en la que ya se encuentra este antecedente, la actitud es completamente distinta y su manera de actuar llevará a la criatura, con lenguaje totalmente normal para su edad, a hacerse consciente de sus dificultades y a sentir el mecanismo de ansiedad y tensión familiar y propio que pueden convertirla en tartamuda, tanto si está predispuesta congénitamente como si no.

Veamos un caso ilustrativo de lo que acabamos de decir.

Ésta es una escena frecuente en la casa de Alejandra, que tiene el antecedente de un tío tartamudo. Viene la niña corriendo, entusiasmadísima porque acaba de ver algo que ha excitado su atención y quiere contárselo a su mamá. Pero está casi sin aliento y, por más que se esfuerza, justamente por esto, no le sale lo que quiere decir. Empieza una palabra, prolonga una sílaba, jadea, comienza a enunciar otra que repite varias veces, traga. Como no es consciente de su manera de hablar fuera de lo común —por lo menos de los adultos—, no se preocupa por su falta de fluidez. Está concentrada en lo que quiere decir, no en la forma como lo dice. Su mamá, en cambio, está muy preocupada por la manera de expresarse de su hija, sin saber que para edades tempranas como es el caso de Alejandra, ese tipo de habla es perfectamente normal. Hace entonces lo que ella cree adecuado para ayudarla: termina las palabras por ella o las dice completas en lugar de dejárselas decir, la apura, muestra señales de ansiedad, impaciencia, preocupación o incluso pena, que no intenta reprimir. Finalmente le dice: "Espera, Alejandra; otra vez estás hablando mal. Parece que piensas más rápidamente de lo que hablas. Tienes que poner la lengua más adelante (o más atrás). Piensa primero lo que me vas a decir, ahora respira hondo y habla, bien tranquilita".

Tantas veces se repite esta escena que finalmente Alejandra también empieza a preocuparse y se pone tensa y ansiosa, ya que a toda costa quiere retener la aprobación y el cariño del ambiente que la rodea. Es lógico que, al estar

129

tensa, también todo su cuerpo lo esté, incluyendo la musculatura de su aparato fonatorio.

¿Cómo podrá hablar correctamente, entonces, con los labios apretados, reteniendo el aliento y al mismo tiempo haciendo un esfuerzo tremendo para emitir el sonido?

En la casa de al lado vive María, también de 4 años como Alejandra, que no tiene ningún familiar tartamudo. A María le ocurre lo mismo que a su vecinita, al igual que a cualquier otra criatura de esa edad. Repite una de cada cuatro palabras que pronuncia. Pero su mamá actúa de otra manera y, cuando María viene excitada a contarle algo, la escucha con interés y paciencia todo el tiempo que haga falta. Más tarde, cuando María ya está tranquila, su mamá le dice: "A ver, hijita, cuéntame eso tan lindo que viste, que a mí también me gustó mucho." Cuando la niña habla y pronuncia incorrectamente alguna palabra, se produce el siguiente diálogo:

María: —Y... y... y... tonces salió Edique.
Mamá: —¿Enrique salió entonces?
María: —Sí.
Mamá: —¿Quién dijiste que salió, entonces? ¿Enrique?
María: —Sí, Edique (o Enrique).
Mamá: —Ah, salió Enrique. ¿Y entonces?

La madre corrige a la niña simplemente repitiendo en forma correcta la palabra mal pronunciada por ésta y como parte integrante de la conversación que ambas sostienen.

Muchos padres, al no comprender lo que está sucediendo con el habla de sus hijos, agravan el sentimiento de frustración que ellos mismos han causado al darles demasiada importancia a estas repeticiones o vacilaciones. Si el niño se da cuenta de esta situación, toma como un reproche la actitud de su entorno ya que no puede hablar con la perfección que se espera de él, originándose una situación de conflicto con el medio.

María va en muy buen camino de superar sus errores, totalmente normales a esas edad y llegar a tener una dicción correcta. Alejandra, no.

¿Cuál es la diferencia entre el caso de Alejandra y el de María? Simplemente la actitud del medio en que viven.

Actitud del entorno

Éstas son algunas sugerencias para los componentes de un medio en el que se desenvuelven los niños como Alejandra: Deje hablar al niño sin interrumpirlo. Escúchelo demostrando interés en lo que dice. No se preocupe por la forma cómo lo dice. Actúe con naturalidad pero sintiéndose verdaderamente tranquilo; recuerde que los niños son extremadamente sensitivos y perciben lo que no se les quiere decir. Convenza al niño de que, por supuesto lo quiere y que le gusta oírlo cuando éste quiere hablar. Suprima los excesos; ni demasiado "No hagas eso", ni demasiado "Precioso, amor, tesoro". Léale a menudo con voz calma y sin apuro, enunciando correctamente pero sin exageraciones. Cuando el niño deba pasar por una experiencia nueva, explíquele con anticipación en qué consistirá (por ejemplo, ir de vacaciones, visitas en la casa, etc.). No lo obligue de ninguna manera a actuar en público, decir "versitos" o conversar con adultos a los que no tiene confianza. En general trate de prevenir o suprimir cualquier situación que pudiera frustrarlo, excitarlo y asustarlo, o también cansarlo en exceso. Recuerde que todos, hasta el más brillante orador, tenemos nuestros períodos de excitación y de hesitaciones, que son completamente normales. Y en especial recuerde que el diagnóstico de tartamudez hecho por personas con muy buena voluntad pero con desconocimiento del problema, puede ser el factor real y desencadenante de la tartamudez. Sin embargo, y para tranquilidad general, debemos hacer notar que la mayoría de los niños pasa por este período sin mayores consecuencias, especialmente cuando los padres pasan este período de sus hijos sin mayores consecuencias tampoco.

Actitud del docente

En cuanto a la actitud de la maestra cuando el niño va al jardín o a la escuela, se crean en este caso una serie de situaciones delicadas para cuyo manejo no es suficiente el interés ni el cariño de la docente. De su actitud y de la actitud de los compañeros pueden resultar efectos graves, quizás definitivos en el futuro del niño tartamudo.

¿Cuál debe ser la actitud del maestro en estos casos? Ante todo, estar en contacto con los padres de este alumno, en especial para intercambiar toda la información sobre la criatura y su problema. Tantas veces hablando con los padres de alumnos sin ningún tipo de problemas se ha encontrado la maestra con que la personalidad demostrada en la escuela es completamente distinta de la demostrada en el hogar, mayor razón entonces para hablar con los padres en el caso de un niño con ésta u otra dificultad.

La docente debe tener en cuenta ciertas características personales del niño tartamudo en la escuela para hacérselo saber a los padres; como por ejemplo observar si juega, si lo hace solo o acompañado, si es imaginativo o no. También debe tener en cuenta su labilidad emocional, velocidad de emisión del lenguaje (normal, rápido, lento, precipitado), la armonía de sus movimientos corporales, postura y ritmo, su destreza manual y la evolución de su comportamiento social.

Según Van Riper es necesario mirar a un tartamudo con tranquilidad cuando habla y mantener la mirada sin aparentar estar molestos. Es preciso aprender a reprimir muy cuidadosamente toda reacción de impaciencia, lástima o desagrado, demostrando interés por el contenido de lo que dice y no la forma como lo dice, lo que, por supuesto, también deberá hacer la maestra. Ésta debe hacerlo sentir en el mismo plano de igualdad que los otros alumnos, compensando su defecto; así, el niño tartamudo puede ser el monitor, el que se destaque por su buena letra, por su prolijidad, sus hermosas redacciones, su facilidad para la matemática o para el dibujo, etc. No debe olvidar su necesidad de apoyo y, consecuentemente, debe tratar de aumentar su seguridad en general, creando compensaciones, siempre dentro de un ambiente tranquilo y no competitivo. De esta manera la docente desempeñará un rol activo y positivo en el enfoque terapéutico integral de su alumno.

Además puede la maestra ayudar, en especial la de jardín de infantes o la de los primeros grados, haciendo practicar a la totalidad de sus alumnos ejercicios de relajación muscular a manera de juegos, rondas rimadas y cantadas con apoyo de actitudes y movimientos a los que se ajustan las palabras (en especial si las han inventado los mismos alumnos), pantominas, dramatizaciones de cuentos con parte verbal fácil para ser dichas a coro o en grupos, teatro de títeres con libretos sencillos para ser representados por los mismos niños ("no soy yo quien está actuando sino el títere") y distintos medios para descargar tensiones acumuladas mediante el dibujo expresivo, manualidades, etc., siempre dentro del campo creativo. En los grados superiores puede la maestra, convenientemente actualizada, intentar que el niño aprenda a aceptar su problema y abandonar su pretensión de disimularlo. Esta actitud lo llevará a eliminar la conducta resignada que adopta como consecuencia de su problema e indirectamente así aumentará su sentimiento de autovaloración.

Es posible mejorar problemas de conducta actuando sobre sus causas, pero también cuando se actúa sobre sus consecuencias. Hay que tratar de lograr que el niño tartamudo no reaccione desfavorablemente frente a una situación crítica de bloqueo y sustituya su habitual respuesta de autocompasión y vergüenza por una actitud normal. Por ejemplo: en una determinada ocasión Juan tartamudea peor que nunca y sus compañeros se ríen. Juan (con o sin ganas) se ríe también o hace algún comentario cómico al respecto. Y continúa la clase con tranquilidad y sin tensiones porque los compañeros se han reído con Juan y no de Juan. Por supuesto que es difícil poder llegar a tener esta actitud, pero no lo será si la maestra y los compañeros lo apoyan. Por este apoyo constante que se le brinda entiende que no se lo fuerza para que deje de tartamudear, sino que se trata de que lo haga sin tanto apuro y con buen humor para lograr que desaparezca la tensión. Además debe saber que cuenta con un auditorio comprensivo e interesado cuando quiera hablar o expresarse por escrito ante la docente y/o sus compañeros acerca de su problema.

Ejercicios no verbales de utilidad
para el niño tartamudo

El buen desempeño en alguna de estas actividades crea un sistema de compensaciones en el niño, pero es muy importante cuidar que no se fatigue al hacerlas.

Estos ejercicios pueden ser llevados a cabo con la maestra de grado, de educación física, música o actividades plásticas.

A saber:
a. Ejercicios para el mejor desempeño de la función motora: saltar, marchar, arrastrarse, resbalar, rodar.
b. Ejercicios de aliento, como nadar y trepar.
c. Deportes no competitivos.
d. Ejercicios de orientación espacial.
e. Ejercitación rítmica.
f. Música, danzas.
g. Dibujo, cerámica y manualidades en general.
h. Juegos de compañerismo (para fortalecer también su sensación de compañerismo con los demás).
i. Ejercitación para fomentar el uso de formas motoras gruesas y finas.

Entrevista con los padres del alumno con algún tipo de logopatía

La entrevista con los padres es importante. Si éstos acuden solamente porque la maestra los ha citado, ya de por sí llama la atención el hecho de que la madre no se haya acercado a la docente con anterioridad para comentar con ella los problemas de su hijo. Esto puede suceder por varios motivos:
a. Porque no se ha dado cuenta.
b. Sí se ha dado cuenta, pero no quiere reconocerlos.
c. Los reconoce pero los minimiza.
d. Se ha dado cuenta, los reconoce y el niño está en tratamiento; pero por vergüenza o por temor a perjudicarlo si hace saber su problema —incluso a perder la vacante en la escuela—, lo perjudica aún más al no hablar

de ello con su maestra. Otra reacción puede ser pensar que la maestra no tiene por qué enterarse de los problemas de su hijo, sin darse cuenta de que es el mismo chiquito quien llevará consigo su problema a la escuela.

Obviamente es muy difícil para un padre aprender a asumir una actitud realista y adecuada frente a su hijo con problemas, pero es esencial para el bienestar del niño. Por este motivo, la actitud de la docente es de suma importancia. Debe aprender a actuar con mucho tacto durante la entrevista; segura de lo que dice, pero a la vez amistosa y comprensiva, debe limitarse a contarle a la madre en forma totalmente objetiva lo que ve de distinto en el comportamiento del chico. De ninguna manera puede figurar en su conversación un diagnóstico médico; incluso sugerimos omitir la palabra "problema", reemplazándola por "dificultad".

Es conveniente informarle a la madre el trastorno sin ningún tipo de circunloquios del tipo de "no se preocupe, no es serio, va a estar bien" o similares porque, de cualquier manera, la mamá no registrará el significado optimista de todo este rodeo y se pondrá cada vez más tensa, ansiosa y/o agresiva, de acuerdo con sus características individuales.

Cuando los padres no entienden lo que la docente les está diciendo, pueden mostrarse indiferentes, antagónicos (o sea a la defensiva) o incluso burlones. Hay que tener en cuenta los factores emocionales que pueden influir en la personalidad que demuestra la madre, la que a toda costa quiere que su hijo sea normal e inconscientemente inventa explicaciones o excusas para no aceptar lo que se le dice. Algunos creen que no tiene importancia; otros, que se curará con el tiempo; otros, que les queda "gracioso" a los hijos, y otros, finalmente, que no tienen cura y que el problema resulta de alguna forma de retardo mental, siendo eso en realidad lo que se les quiere decir. Es conveniente recordar que un entorno desorientado agrega siempre un compromiso emocional a un cuadro ya de por sí alterado. Todos los factores medioambientales pueden llegar a influir negativamente en los distintos aspectos de la vida del niño, (mental, físico, emocional) así como en lo que aprende, cómo lo aprende y la forma en que aplica lo que aprendió. Basados en Schrager podemos decir que son el grupo familiar y la comunidad incluyendo la escuela quienes influyen en la precipitación de un síndrome, su desarrollo y las posibilidades de rehabilitación, así como los riesgos y recaídas. El objeto de la entrevista es lograr que los padres piensen, reflexionen y descubran aspectos que antes no hubiesen considerado o tuvieron poco claro. Es necesario crear un clima de cordialidad, de comunicación y de confianza, teniendo en cuenta que no podemos pretender que los padres acepten un problema de su hijo si no lo comprenden.

Considerando lo que acabamos de ver, éstos son los puntos generales para mencionar a los padres:

1. Esta dificultad del alumno tiene forzosamente una influencia nociva para su actividad escolar y también para el desarrollo armónico de su personalidad.

2. Muchas de estas dificultades no se curan con la edad ni con el tiempo; al contrario, se agudizan.

3. En cambio, sí es posible su cura mediante el tratamiento adecuado hecho por un profesional competente y en forma precoz.

4. Insistir en la precocidad del tratamiento.

5. Deben consultar a un médico pediatra para su orientación o al centro asistencial que se ocupa específicamente de este tipo de problemas. En todos los hospitales funcionan servicios de ORL, en donde pueden recibir tratamiento gratuitamente.

6. Recordar que tener un defecto no es una vergüenza y no significa forzosamente sufrir un retardo mental; pero que es imprescindible reconocerlo para poder tratarlo.

En el caso de un niño sin dificultades, la maestra también puede contribuir a un mejor manejo de la voz o de la palabra por parte de sus educandos.

Resumiendo la actitud del docente con respecto a los problemas fono-audiológicos de sus alumnos, podemos decir que resulta sumamente valiosa por los siguientes aspectos:

a. Utiliza su propia voz y articulación como modelo para sus alumnos.

b. Puede detectar en forma precoz cualquier incipiente trastorno y alertar de inmediato a los padres.

c. Hace que el alumno que padezca algún tipo de problema asista a la escuela sin el temor de ser objeto de burla o de discriminación por parte de sus compañeros, quienes pueden actuar así como un mecanismo de defensa hacia lo desconocido.

d. De ser necesario, habla con los padres de los otros niños con respecto al que presenta un cierto grado de discapacidad. Indica que el problema no es contagioso ni molestará el desenvolvimiento normal del grado. Y explica también lo necesario que es para el alumno diferente el sentirse aceptado y también querido. Además subraya lo positivo que resulta para sus compañeros de curso desarrollar sus sentimientos humanitarios y expresar afecto.

e. Contribuye eficazmente al desarrollo de la personalidad del alumno con problemas mediante los estímulos y ejercicios adecuados al ambiente escolar.

f. Le brinda no solamente instrucción, sino comprensión y afecto.

g. Por encontrarse actualizada desde el punto de vista fonoaudiológico, sabe qué hacer y qué no hacer para ayudarlo mejor en la escuela.

h. Mantiene una comunicación fluida con la familia, a la que informa acerca de las aptitudes, actitudes, necesidades y progresos del niño en el ambiente escolar. Asimismo, se la mantiene informada de lo que acontece en la clínica o en el ambiente doméstico con respecto a su alumno.

No hacer la reeducación de un niño que habla, respira, oye o comprende mal, es comprometer la totalidad de su porvenir. Sin embargo, podemos decir que un vasto porcentaje es factible de ser ayudado si se cumplen estos dos requisitos: se descubre precozmente y se utiliza la metodología correctiva adecuada.

6

Fonologopatías: disfonías
(Primera parte)

* **Etiología.**
* **Descripción.**
* **Higiene de la voz.**
* **Casos ilustrativos.**

Cooper define la voz eficiente como una voz funcional que permite la emisión máxima del sonido con un grado máximo de utilización pero con un mínimo de esfuerzo.

Reciben el nombre de disfonías los trastornos de la voz, que generalmente traen una secuela de penosas consecuencias individuales, laborales y sociales. Estas alteraciones de la voz están provocadas por afecciones funcionales u orgánicas de la laringe o perturbaciones de origen neurológico, endócrino, auditivo, etc. Se manifiestan por cambios en el tono, intensidad, timbre y duración de la voz. Pueden ser de origen funcional como el caso de las disfonías profesionales o de origen orgánico como los nódulos de las cuerdas vocales —caso éste en el que la disfonía funcional originaria se ha convertido finalmente en orgánica— como veremos más adelante (Tablas II y III..., págs. 151 y 152.)

Sabemos que desde la corteza cerebral parten los impulsos que ponen en marcha el fuelle respiratorio, lo que da por resultado la producción del sonido a nivel laríngeo, sobre el que luego actúan las cajas de resonancia y los articuladores para dar origen, finalmente, a la voz que escuchamos.

Los movimientos de las cuerdas vocales están siempre regidos por el sistema nervioso central mediante impulsos transmitidos por el nervio laríngeo recurrente. Cada descarga de impulsos contrae simultáneamente las fibras nerviosas del borde interior de las cuerdas vocales produciendo la apertura de la glotis. O sea que esta apertura es el resultado de un mecanismo neuromuscular que no responde a la circulación del aire, pero que a su vez esta emisión glótica del aire que pasa entre las cuerdas vocales produce la voz. ¿De dónde proviene entonces este aire? Por supuesto, de los pulmones. De ello se deduce la enorme importancia de la inspiración y la espiración del aire y su dependencia del correcto funcionamiento del fuelle pulmonar (Figs. 1/2/3).

Cuando hay algo que funciona mal en alguna etapa del mecanismo fonatorio, se instala progresivamente la disfonía. Los síntomas vocales negativos de las disfonías son generalmente los siguientes:

a) Síntomas sensoriales: fatiga vocal, carraspera, tos laríngea improductiva, irritación, ardor o dolor agudo o crónico de la laringe, contractura muscular en el cuello, ingurgitación visible de las venas, sensación de cuerpo extraño en la garganta del mismo, dolor cervical anterior y/o posterior, etc.

b) Síntomas auditivos: ronquera, vocalización limitada, cambio del tono, pérdida o saltos de la voz, voz clara por la mañana y apagada por la noche.

Numerosos autores conceden gran importancia a los factores de índole psicológica que emergen a través del mecanismo vocal vicioso, creando situaciones de tensión en el aparato fonatorio, con posible aparición de alguna patología orgánica. También puede darse el efecto inverso, o sea que, como consecuencia de disfunción del aparato fonatorio, emerjan problemas de índole psicológica. Todo ello depende de la gravedad del problema vocal y de la manera que éste afecte la comunicación o la tarea profesional; de la personalidad del individuo; de su ocupación y de los conocimientos que posea acerca de la emisión vocal, los que le infundirán seguridad o inseguridad.

El docente, así como los otros profesionales de la voz, necesitan poseer nivel tonal, entonación y volumen de la voz óptimos; resonancia oro-nasofaríngea con aumento de la resonancia nasal; respiración costo abdominal así como articulación y velocidad de emisión correctas, conjuntamente con un mecanismo fonatorio libre de contracturas.

¿Cuáles son los factores más influyentes en el origen de una disfonía?

a) El abuso vocal, tanto en el adulto como en el niño. La disfonía se origina o se perpetúa por vocalización incorrecta y/o abusiva debido a: 1) gritos excesivos imitando el uso de armas de fuego, chirriar de frenos, ulular de sirenas, explosivos y, por supuesto, el clásico "Gool". 2) sugerencias incorrectas en el ámbito escolar, del tipo de "Hable fuerte" lo que obliga al estudiante a gritar en lugar de proyectar la voz o "Saque pecho, levante bien los hombros, respire hondo y que se oiga la inspiración".

b) Imitación de un modelo vocal deficiente.

c) Problemas emocionales.

d) Estado físico deficitario.

e) Tratar de utilizar una extensión tonal más amplia que la que se pone normalmente. En la siguiente escala vemos la que abarca un individuo normal de acuerdo con su edad.

Extensión tonal

Recién nacido:	de dos a cuatro tonos musicales.
10 meses:	de cuatro a cinco tonos musicales.
6 años:	1 octava.
Doce años:	1 octava y media.
Adultos:	dos octavas, de las que puede llegar a utilizar alrededor de 1 octava en la voz hablada.

f) Mal uso vocal. Éste es el caso del hipoacúsico, por ejemplo, cuya fonación es incorrecta porque al no oír correctamente no puede ejercer el control de su propia voz y se expresa en forma monocorde y con un volumen de la voz demasiado alto o demasiado bajo. También es el caso de quien tiene necesidad de hablar con mayor volumen, lo que lo obliga a realizar una exagerada resonancia laringofaríngea en lugar de utilizar una equilibrada resonancia orofaríngea. También puede corresponder al abuso vocal como una patología crónica de quien se ha acostumbrado a hablar a gran volumen sin darse cuenta de lo nocivo que resulta.

g) Predisposición constitucional. Enfermedades infecciosas y sus secuelas, afecciones de las vías respiratorias, rinitis, sinusitis, adenoiditis, alergia, asma y también trastornos intestinales, glandulares, hepáticos, cardiovasculares, etc.

h) Predisposición psíquica. Individuos que actúan bajo gran tensión permanente, ya sea en su lugar de trabajo o en su hogar, etc.

I) Causas ambientales. Lugares insalubres, mucha humedad, salones de clase demasiado grandes, con mala acústica, exceso de polvillo de la tiza y ruidos provenientes del exterior. Cambios de la temperatura ambiental, como tener que desplazarse de un aula con calefacción al patio frío y viceversa. Y también en algunos casos permanecer toda la jornada en un ambiente con aire acondicionado.

j) Causas ocasionales, que se convierten en factores irritativos, como el uso inmoderado del tabaco, alcohol, etc.

Veamos el caso más común de disfonía que generalmente se produce entre los docentes.

Según Cooper, numerosos trastornos de la voz en los EE. UU. obedecen a la falta de instrucción correcta durante la preparación profesional para el empleo de la voz hablada. Creemos que en el caso del docente argentino la situación es mucho más grave ya que nunca se ha enseñado a los futuros docentes el uso correcto de su voz. Simplemente los aspirantes a ingresar en los profesorados deben aprobar una examen físico de rutina en el que está incluido el uso de su voz. Se asume erróneamente que al aprobar este examen físico los aspirantes a ingresar en la docencia ya tienen prácticamente asegurada de por vida una correcta fonación. Sin embargo, es obvio que el mal uso vocal puede no traducirse al comienzo en una voz disfónica, pero es el factor determinante de ésta en el ejercicio de la docencia. Para Cooper la fonación incorrecta y abusiva es la causa fundamental de casi todas las disfonías funcionales y de la mayoría de las orgánicas. Por ejemplo, la incorrecta emisión de la voz en un aparato fonatorio normal origina una disfunción funcional (ya que no hay causa orgánica). Pero si el mal uso vocal continúa, este funcionamiento anormal puede originar la formación de nódulos en las cuerdas vocales con lo que la disfonía se ha convertido ahora en orgánica (ya que se ha formado un elemento patológico orgánico).

La disfonía más común entre los docentes es, en general, la de aquel maestro o profesor que pretende hacerse oír en un ambiente vasto y ruidoso, con mala acústica, desconociendo la técnica respiratoria y la fonatoria, sin saber utilizar sus cajas de resonancia ni tampoco relajarse. Inconscientemente desplaza su tesitura vocal dos o tres tonos hacia el grave o el agudo, con lo que obliga a los músculos laríngeos a trabajar forzadamente en condiciones mecánicas inadecuadas a sus posibilidades anátomo-fisiológicas. Como esto no es suficiente, intervienen también los músculos extralaríngeos e incluso pueden llegar a hincharse las venas del cuello. Todo este cuadro produce el derrumbe de la coordinación fono-respiratoria. Durante las primeras etapas, este tipo de problema no es notorio en la conversación común debido a que la voz utilizada con este fin todavía no se encuentra alterada. Pero luego, cuando finalmente lo esté, será siempre en menor proporción que la voz utilizada profesionalmente. Los síntomas más notorios son generalmente ardor, carraspera, tos y cansancio local, que desaparecen con el descanso vocal. Cuando este trastorno está ya más avanzado, se va   haciendo cada vez más doloroso, se instala a las pocas horas de trabajo y tarda cada vez más en desaparecer. Las cuerdas vocales se vuelven edematosas y congestivas mientras que la voz —que hasta ese momento no presentaba modificaciones objetivas— se hace velada, a veces bitonal, con la tesitura desplazada hacia los tonos graves y va empeorando cada vez más hasta resultar insuficiente para la profesión.

En algunos casos puede surgir la preocupación o el miedo de sufrir un problema maligno en la garganta, de quedarse sin trabajo, etc. con lo que se origina una depresión psíquica que cierra el círculo vicioso. Si a pesar de la disfonía y del dolor el docente continúa trabajando, pueden aparecer nódulos en las cuerdas vocales. Estos son pequeñas prominencias de tejido conjuntivo edematoso que se forman sobre el borde libre de las cuerdas vocales. Raramente aparecen de un solo lado, siendo generalmente precedidas por edema de las cuerdas. Sus dimensiones abarcan desde el tamaño de la cabeza de un alfiler hasta el de una arveja. Están precedidos por una disfonía más o menos prolongada. La disfonía se acentúa con la emisión de los tonos agudos porque éstos requieren mayor tensión de las cuerdas vocales y mejor contacto en los bordes. Como la voz se hace opaca, el paciente trata de hablar con mayor fuerza y carraspea a menudo, tratando de eliminar una mucosidad que no sale nunca. En este caso, la lesión orgánica no ha sido la causa original de este problema, el que ha sido producido por el abuso y mal uso vocal. Es necesario que el paciente aprenda a emitir su voz correctamente mucho antes de llegar a esta etapa, que puede derivar en una extirpación quirúrgica de los nódulos de las cuerdas vocales.

En lo que respecta a problemas de la voz en especial, y también a problemas de la palabra, distribuimos el siguiente Cuestionario entre el personal en actividad de la Escuela Normal Superior en Lenguas Vivas John F. Kennedy, en Buenos Aires.

Cuestionario

Se agradece contestar las siguientes preguntas:
1. Antigüedad en la docencia activa.
2. Asignatura que dicta o cargo que desempeña.
3. Número de horas diarias de cátedra o al frente de grado.
4. Promedio de alumnos por curso.
5. Total de alumnos por día.
6. Condiciones acústicas del salón de clase.

7. ¿Ha experimentado Ud. trastornos de la voz?
   a) ¿De qué tipo?
   b) ¿A qué los atribuye?
   c) ¿En qué mes se produjeron?
   d) Tratamiento.
   e) ¿Han recidivado?
8. ¿Tiene o ha tenido alumnos con problemas fonoaudiológicos?
   a) De la voz (primer ciclo...), (segundo ciclo...), (tercer ciclo...). (Polimodal.)
   b) De la palabra (primer ciclo...), (segundo ciclo...), (tercer ciclo...), (Polimodal...)
9. ¿Considera de utilidad que se dicte la materia Fonoaudiología en los institutos del profesorado?
10. Especifique por qué.

Contestaron este cuestionario 31 docentes de nivel primario, 15, de nivel secundario y 12, de nivel terciario. Si bien estas cifras no abarcan la totalidad de las maestras o profesoras del establecimiento creemos que las respuestas son representativas de los problemas fonoaudiológicos que se presentan en la escuela, ésta o cualquier otra. Como no hubo prácticamente diferencias entre las respuestas de los tres niveles de enseñanza, hemos considerado éstos en conjunto.

Los siguientes son los datos obtenidos del total de 58 docentes que han respondido al cuestionario.
1. La antigüedad en el ejercicio activo de la docencia ha abarcado entre 1 y 31 años.
2. Comprende prácticamente la totalidad de las asignaturas.
3. El trabajo diario al frente de aula ha variado entre 2 y 11 horas de clase.
4 y 5. El promedio de alumnos por curso varía entre 8 y 50, con un total diario de entre 31 y 495.
6. Las condiciones acústicas del salón de clase han sido evaluadas como buenas, regulares o malas. Las profesoras de Educación Física han coincidido en considerar pésimas las del patio al aire libre, donde dictan sus clases.

7. Han experimentado trastornos de la voz 21 de las 31 docentes del nivel primario, 7 de las 15 del secundario y 8 de las 12 del terciario, lo que obviamente denota un elevado porcentaje.

a) Se han atribuido los mismos a esfuerzos de las cuerdas vocales por hablar mucho y mal, acompañados o no por anginas, faringitis, resfríos, trastornos afectivo-emocionales (cuya incidencia pareciera ir en aumento), cambios en la temperatura ambiental (tanto consecuencia del frío como del calor), procesos infecciosos no tratados debidamente, respiración incorrecta, alergia, agotamiento físico, fumar en exceso, etc.

b) A la pregunta "en qué mes se produjeron", las respuestas han abarcado la totalidad del período lectivo.

c) El tratamiento ha consistido en reposo total de las cuerdas vocales, cirugía de nódulos, foniatría, medicación antiinflamatoria, antibióticos y corticoides.

d) De un total de 25 disfonías, tratadas han recidivado 17.

Creemos que es interesante hacer algunos comentarios respecto de estas respuestas, recordando que han sido formuladas en Buenos Aires.

En b) nos encontramos frente a distintas características individuales de las docentes. Así, está aquella maestra que a comienzos del ciclo lectivo en marzo-abril, frente a un grupo nuevo y numeroso de alumnos quiere imponerse elevando el volumen de su voz sin saber cómo hacerlo correctamente, acompañado también de un notorio estado tensional ante sus nuevos alumnos.

Está aquella otra que, después del descanso de las vacaciones de verano llega sin problemas de fonación hasta aproximadamente abril-mayo, agudizándose cada vez más en el frío de junio-julio hasta que puede volver a descansar durante las vacaciones de invierno. Si bien regresa de las mismas mejor de su voz, debe soportar el frío de agosto que le produce   resfríos, anginas, etc. En estas condiciones continúa su tarea docente, lo que le origina nuevamente una disfonía.

En otra docente su problema de voz puede exacerbarse en septiembre-octubre con la primavera si es alérgica al polen o durante todo el año si lo es al polvillo de la tiza.

Finalmente en noviembre-diciembre al finalizar el período lectivo está el caso de la docente que agrega a su problema fonatorio el cansancio general, lo que su vez redunda en que éste se agudice también.

Los problemas de la voz afectan al docente independientemente de la materia que dicta, con la excepción de las profesoras de Educación Física en las que el problema se agudiza debido al ambiente donde deben dar sus clases.

La disfonía del docente se origina básicamente en el mal uso vocal, es decir debido al desconocimiento de una correcta respiración, relajación y uso de los resonadores. Hay además factores intrínsecos y extrínsecos que contribuyen.

Si bien se agudiza en una determinada época del año según sea el origen de la disfonía, en general ésta mejora con el descanso vocal pero no se cura.

El excesivo número de alumnos y de horas de cátedra son también factores que agravan este problema. No así la antigüedad en el ejercicio de la docencia. O sea, que una profesora recién recibida que no sabe fonar correctamente puede ya sufrir de disfonía durante su primer año de trabajo. En cambio una docente con más de 25 años en el ejercicio activo de su profesión puede no haber tenido nunca este tipo de problemas porque sabe cómo manejar su voz.

Por otra parte, es necesario recordar que la voz no se gasta ni se cansa: se utiliza correcta o incorrectamente.

En cuanto a la pregunta referente a los problemas fonoaudiológicos de los alumnos las respuestas han sido desoladoramente escasas, no porque no los hubiera, sino porque no han sido lo suficientemente notorios como para llamar la atención de una docente que desconoce las características incipientes de los mismos. Como dato ilustrativo recordamos un curso sobre Fonoaudiología que tuvimos oportunidad de dictar para docentes en el Instituto Bernasconi. Al finalizar el mismo se entregó un cuestionario a las docentes que habían asistido. Una de las preguntas fue: "Pensando retrospectivamente y en base a lo aprendido en este curso, ¿hay algunos alumnos cuyos problemas fonoaudiológicos Ud. no había notado antes y ahora sí?" La respuesta fue positiva en el 100% de los casos.

Continuando con el cuestionario formulado al personal docente en actividad de la Escuela Normal en Lenguas Vivas, la pregunta N.° 9 obtuvo un 99.5 % de respuestas favorables, mientras que el 0.5 % restante prefirió intensificar el estudio de otras asignaturas. En cuanto a las respuestas a la número 10, hemos seleccionado la siguiente porque es representativa del pensamiento de todas las docentes. Dice así:

"Sí, porque considero que es importante, primero para el mismo estudiante del profesorado que debe aprender a usar su voz que lógicamente será el elemento esencial de su actividad. Segundo, porque así preparado, está en condiciones de ayudar a los alumnos de su clase que puedan presentar problemas de este tipo. Y tercero porque es importante valorar la propia salud."

El objeto de habernos referido tan ampliamente a este cuestionario es demostrar la necesidad de implementar el plan que proponemos en la pág.186 y siguientes, especialmente el estudio de la asignatura Fonoaudiología como materia de carácter obligatorio en la carrera docente. Es interesante consignar que este criterio es compartido por los propios docentes cuando están correctamente informados.

Si bien el material previamente estudiado está estrictamente tomado de la realidad, no debe usarse como una estadística representativa de la totalidad de los docentes, ya que hemos considerado una sola escuela ubicada dentro del radio de la Capital Federal. Sin embargo, conviene tenerlo muy en cuenta.

Ante la imposibilidad de encontrar estadísticas sobre patologías fonoaudiológicas que abarquen la totalidad de los docentes en actividad, presentamos el material que nos fuera proporcionado por Rosa A. Rosales, Jefa del Servicio de Fonoaudiología de la Obra Social para Actividad Docente, que abarca el período 1990-1996.

Este material estadístico constituye un elocuente alerta acerca de la importancia que adquiere la patología de la voz en los docentes. Se deduce de ello que es perentorio ocuparse seriamente de este problema ya.

Tabla II
Patología fonoaudiológica en docentes en actividad
OSPLAD Área Metropolitana
Departamento Médico
Servicio de Fonoaudiología
Jefa: Rosa Ana Rosales

Año	N.º de pacientes de 20 a 60 años a	Sexo		Patologia		
		Varones	Mujeres	Voz	Leng.	Odont.
1990	249	41	208	246	2	1
1991	250	42	208	238	10	2
1992	253	25	224	242	10	1
1993	288	52	236	280	8	-

La siguiente estadística corresponde al mismo centro asistencial durante 1994. Abarca docentes disfónicos entre 21 años y mayores de 60 años.

Tabla III
Patología fonoaudiológica en docentes en actividad
OSPLAD. Área Metropolitana
Departamento Médico
Servicio de Fonoaudiología
Jefa: Rosa Ana Rosales

Patología:	Disfonía
Año:	1994
Total de docentes mayores de 21 años con patología fonoaudiológica:	417
Total con disfonía entre estos pacientes:	206

Edad	N.° de pacientes disfónicos
21-25 años	31
26-30	30
31-35	26
36-40	21
41-45	24
46-50	22
51-55	16
56-60	12
+ de 60	24
Total	206

Según las estadísticas del año 1995 del mismo centro asistencial, de un total de 2.118 pacientes hubo 1.108 con patologías de la voz.

En cuanto a 1996, el Servicio de Fonoaudiología de OSPLAD participó en la campaña "OSPLAD va a la escuela", efectuada durante el período septiembre-diciembre de 1996.

Se realizó en 40 instituciones educativas que abarcaron un amplio espectro, con un total de 288 afiliados, cuyos datos se consignan a continuación.

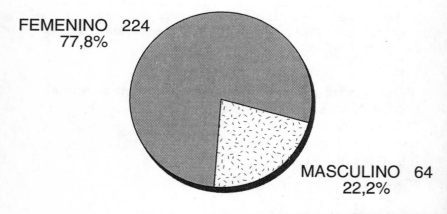

FEMENINO 224
77,8%

MASCULINO 64
22,2%

GRÁFICO I
Distribución por sexo

Tabla IV
Evaluación por edades sobre 288 afiliados

Menores de 20 años	4	1,39%
de 21 a 30 años	52	18,05%
de 31 a 40 años	73	25,35%
de 41 a 50 años	71	24,66%
de 51 a 60 años	76	26,39%
de más de 60 años	12	4,71%
	288	100,01%

Gráfico ilustrando la evaluación por edades

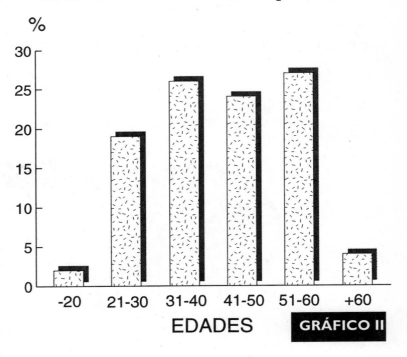

Antecedentes de disfonía

Sobre estos 288 afiliados, 206 habían padecido trastornos vocales, pérdidas o alteraciones de la voz en algún momento de su actividad docente.

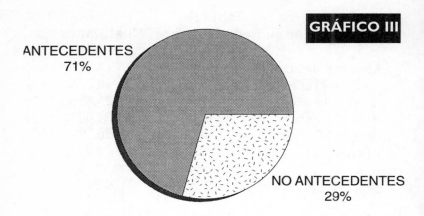

ANTECEDENTES
71%

NO ANTECEDENTES
29%

Cenestopatías

(Dolor- ardor de garganta, sensación de constricción en el cuello, sensación de falta de aire, dificultad para tragar, sensación de cuerpo extraño, pérdida de la voz) después de dar clase.

Sobre 288 evaluados, 139 refirieron uno o más de los síntomas anteriormente descriptos, durante el ejercicio de su profesión.

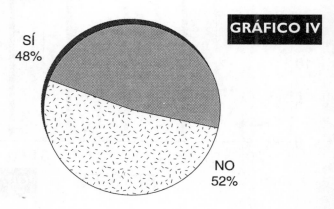

GRÁFICO IV

SÍ
48%

NO
52%

Tratamiento de foniatría previo

Sobre 288 evaluados, 43 habían realizado tratamiento de foniatría previo.

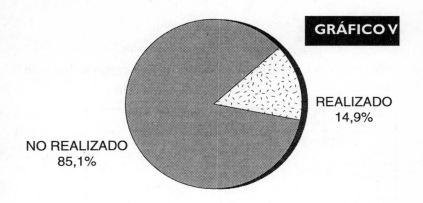

GRÁFICO V

REALIZADO
14,9%

NO REALIZADO
85,1%

Tabla V
Cantidad de colegios en que se desempeñan

Sobre 288 afiliados evaluados se desempeñaban en colegios 279.

en 1 colegio	189	67,75%
en 2 colegios	63	22,58%
en 3 colegios	16	5,74%
en 4 colegios	7	2,51%
en 5 o más colegios	4	1,44%
	279	100,03%

No se desempeñaban en colegios 9 afiliados.

Tabla VI
Cantidad de cursos a cargo

Sobre 201 docentes al frente de cursos, se desempeñaban en:

hasta 5 cursos	114	56,72%
de 6 a 10 cursos	53	26,37%
de 11 a 15 cursos	21	10,45%
más de 15 cursos	13	6,47%
	201	100,01%

Tabla VII

Relación entre docentes con alumnos a cargo y disfonía
Sobre 288 afiliados evaluados

	Voz normal	Disfonía	Total	
Con alumnos	115	86	201	
	57,2%	42,8%		VALOR
Sin alumnos	59	28	87	ABSOLUTO
	67,8%	32,2%		
Total	174	114	288	

(P:NS)

Tabla VIII

Relación entre docentes con más de 20 alumnos por curso y disfonía
Sobre 280 afiliados titulares

	Voz normal	Disfonía	Total	
Más de 20	88	61	149	
	59 %	41 %		VALOR
Menos de 20	78	53	131	ABSOLUTO
	59,6%	40,4%		
Total	166	114	280	

(P:NS)

Si bien la evidencia estadística de las Tablas VII y VIII revela una posibilidad no significativa (P:NS), creemos que sus cifras referentes a la disfonía de los docentes a cargo de alumnos son dignas de ser tenidas en cuenta.

A continuación incluimos la última evaluación fonoaudiológica y sus resultados, llevada a cabo por OSPLAD en 1996, entre 288 afiliados.

Tabla IX
Resultados de la evaluación fonoaudiológica
Sobre 288 casos

Sin particularidades	86	29,87%
Detección de hipoacusia	44	15,28%
Disfonía	67	23,37%
Disfonía más hipoacusia	40	13,89%
Tapón de cera	42	14,59%
Disfonía y tapón de cera	7	2,44%
Dislalia	1	0,35%
Deglución atípica	1	0,35%
	288	100,04%

Análisis

84 casos presentaban hipoacusia de un grado leve a severo.
114 casos presentaban disfonía de un grado leve a severo.
42 casos no pudieron ser evaluados auditivamente por presentar tapones de cera de uno o ambos oídos.
La dislalia y la deglución atípica se detectaron en dos afiliados familiares menores de edad.

Tabla X

Total de evaluados	288	%	100	%
Total de casos con disfonía (C + D + F)	114	%	39,59 %	
Total de casos con hipoacusia (B + D)	84	%	29,17 %	

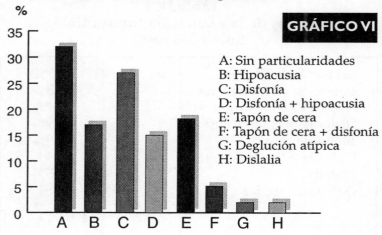

Evaluación fonoaudiológica de 288 casos

GRÁFICO VI

A: Sin particularidades
B: Hipoacusia
C: Disfonía
D: Disfonía + hipoacusia
E: Tapón de cera
F: Tapón de cera + disfonía
G: Deglución atípica
H: Dislalia

Cabe consignar nuestro profundo agradecimiento a Rosa Ana Rosales, jefa del Servicio de Fonoaudiología de OSPLAD, área Metropolitana quien, con todo entusiasmo y desinterés nos facilitó el material estadístico de dicho centro, el que abarca un total de 6 años y 4 meses.

Las numerosas y variadas estadísticas y evaluaciones fonoaudiológicas presentadas en este libro avalan nuestro criterio acerca de la necesidad de la prevención, y en su defecto, la detección precoz de los trastornos de la voz y de la palabra que, como hemos visto, llegan a afectar la salud psicofísica de quien los padece.

Presentación de casos de docentes con trastornos de la voz

Estamos seguros de que en algunos de ellos el lector reconocerá los problemas de algún colega, o incluso el suyo propio. Sin embargo, conviene tener en cuenta que no es posible generalizar ya que cada individuo posee un aparato fonatorio estríctamente personal, con sus variaciones individuales.

El objeto de presentar estos casos es alertar a los docentes sobre la sintomatología, causas más comunes y consecuencias de dichos problemas, a los efectos de poder detectarlos en forma precoz y recurrir de inmediato al profesional capacitado para su tratamiento.

Las técnicas de recuperación vocal, como es obvio, se llevan a cabo bajo la dirección del fonoaudiólogo, quien debe escuchar, ver, palpar y adaptar lo que hace de acuerdo con las necesidades individuales de sus pacientes. Es por este motivo que no hay libro que pueda reemplazar su presencia física.

No nos referiremos específicamente a los distintos tratamientos ya que su conocimiento teórico no será de mayor utilidad al lector sin el control del especialista. En cambio, nos proponemos enseñar al docente el cuidado de su propia voz para mantenerla sana a lo largo de toda su carrera.

Casos

La señora A., docente, padece de disfonía.

Como le resulta muy difícil hacerse oír, se pone nerviosa y trata de solucionar este problema gritando, con lo que está cada vez más nerviosa y disfónica. Además, como el uso de un volumen inadecuado crea tensiones laríngeas y faríngeas, lo que dice pierde inteligibilidad. Trata de paliar esta situación hablando en un tono cada vez más agudo. Todo esto a su vez le origina dolor de garganta. Entonces consume gran cantidad de pastillas —desde las de mentol hasta las analgésicas— y se hace tópicos en la garganta, que la alivian por muy corto tiempo. Estas medidas pueden enmascarar su problema, pero no tienen ninguna utilidad práctica ya que el trastorno producido por una fonación incorrecta continúa sin tratamiento. En la escuela trata de calmarse fumando, lo que hace que le duela aún más la garganta. Pero como debe dar clase, se esfuerza y cumple sus funciones a presión. Regresa a su casa cansadísima, con dolor en la garganta, pecho y espalda, deseosa y necesitada de acostarse a descansar, pero temiendo hecerlo porque sabe que la tos le impedirá dormir. Han pasado un día malo, ella y sus alumnos que, por supuesto, han estado rebeldes como nunca.

LOCALIZACIÓN ESQUEMÁTICA DE ÓRGANOS Y ESTRUCTURAS QUE ACTÚAN SOBRE LA FONACIÓN DE MANERA DIRECTA O INDIRECTA

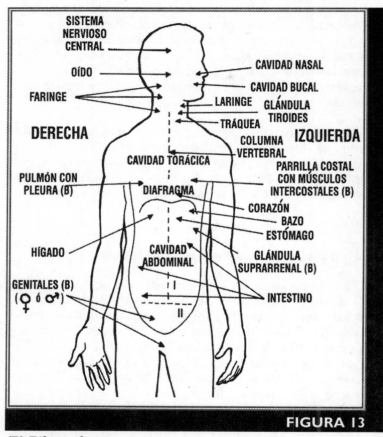

FIGURA 13

(B) Bilateral

Ejes de sustentación
I columna vertebral
II pelvis

La señorita B es estudiante del profesorado.

Siente que le falta el aire cuando pasa a dar la lección. Como se ahoga, ya que presenta un pésimo hábito respiratorio agravado por el componente tensional, habla con un hilito de voz para que le alcance el soplo respiratorio. Además lo hace muy rápidamente sin tener en cuenta que el lenguaje oral es transmitido en una relación de entre 15 y 25 sonidos por segundo, lo que ya es bastante. Termina exhausta, mareada, transpirada y pensando en cambiar la carrera. ¿Por qué le sucede todo esto? Simplemente porque no sabe ni respirar correctamente ni relajar en absoluto. Es necesario recordar que el proceso de hablar está constituido por un determinado patrón de reacciones como cerebración, respiración, fonación y articulación, todas la cuales forman parte de este proceso dinámico; como también forman parte del mismo inteligencia, personalidad, metabolismo, índice nutricional, estado de ánimo, etc. Para que todos estos componentes actúen armónicamente es imprescindible que el individuo no esté tenso, por lo que debe saber relajarse.

La señora C. es maestra de doble escolaridad.

Como la gran mayoría de los pacientes con problemas fonatorios, su voz carece prácticamente de volumen. Trata de pronunciar claramente lo que dice pero al no saber utilizar sus resonadores ni respirar adecuadamente, queda agotada, en especial cuando además debe actuar como maestra de turno en el comedor o durante el recreo en el patio. Cuando regresa a su casa utiliza nebulizaciones y gárgaras, pero éstas sólo enmascaran el dolor que siente en la laringe y faringe. Y sin embargo, ya no puede prescindir de su uso porque siente que su garganta se suaviza, pero esto sucede por un lapso cada vez más corto. Por supuesto, padece de disfonía.

El señor D. es profesor, dicta el máximo de horas de cátedra.

Trabaja durante la mañana, la tarde y la noche en distintos establecimientos de segunda enseñanza. Padece de disfonía.

Sufre de alergia, en especial durante los cambios de estación, además tiene un principio de artritis. Conviene recordar que en ambos casos se puede observar edema en las cuerdas vocales cuando se realizan esfuerzos de las mismas, es decir que por estas características las cuerdas vocales del profesor D. son mucho máas lábiles que las de una persona sana.

Si bien la voz del adulto tiene un volumen entre 60 y 70 decibeles normalmente para dar una clase, en la suya trata de usar constantemente la voz de mando de alrededor de 80 o más decibeles. Ésta es una voz autoritaria, como él considera que debe sonar la voz de un docente con autoridad. Si bien el uso ocasional de este tipo de voz es natural en ciertas y determinadas oportunidades, no lo es cuando se realiza de manera habitual. La autoridad sobre los alumnos es el resultado de la personalidad y de los conocimientos del docente y no de una determinada actitud, incluyendo el uso de la voz. Como es lógico, debe primar la aptitud sobre la actitud.

El **Sr. D.** no hace uso de ningún tipo de modulación, aunque las variaciones de intensidad dentro de una misma oración pueden llegar a 25 dbs. Sus clases son totalmente monótonas, por lo que sus alumnos pierden interés, se distraen y conversan. Entonces pretende imponer disciplina utilizando el máximo volumen de la poca voz que posee y que malgasta en esta forma cuando en realidad sería mucho más fisiológico, didáctico y placentero modularla de acuerdo con las circunstancias. Recordemos que el grito es el volumen de voz excesivo, con resonancia focalizada sólo en la laringofaringe, de un nivel tonal incorrecto y de una respiración también incorrecta, generalmente de tipo clavicular.

La Sra. E. es docente y no tiene apremios económicos.

Su buena posición le permite ejercer el mínimo de horas de clase, no padece ningún problema orgánico y lleva una vida normal sin mayores tensiones. Pero ella también sufre de disfonía. En su caso, el problema es típicamente funcional: no sabe utilizar su aparato fonatorio.

Un caso totalmente distinto es el de la **Sra. F.**, también docente cuyo diagnóstico es disfonía por úlcera laríngea por contacto.

Es una persona obsesiva, perfeccionista, que está siempre tensa y nerviosa, por lo que toma tranquilizantes para no estarlo. Esta docente utiliza la actividad muscular como descarga emocional o sea, que lo que en el plano psicológico se traduce por angustia e inseguridad, en el plano orgánico se traduce por tensión muscular. Según alguno autores, la causa de la úlcera de contacto es básicamente la tensión emocional. Al comienzo, se manifiesta por fatiga y ronquera después de un esfuerzo vocal. A esto se le agrega luego dolor al hablar o tragar, lo que finalmente no cede a pesar de hacer reposo. Al hacer abuso de su voz la **Sra. F.** se ha producido una úlcera superficial de evolución crónica alojada en una apófisis vocal, siendo la causa principal el golpe de una contra la otra, lo que ha lesionado la delicada mucosa que las recubre. En este caso conviene recordar que la voz y la personalidad de una persona se influyen mutuamente y que el deterioro de una influencia negativamente la otra.

La Srta. G. padece de disfonía. Tiene el máximo de edad y de antigüedad en la docencia.

Podría jubilarse pero no lo hace por motivos económicos.

Padece pie plano y tiene la espalda levemente encorvada, con lo que su base de sustentación ha cambiado de eje. Presenta un desequilibrio osteomuscular entre la columna y la pelvis, lo que le origina contractura y dolor. Schrager explica que existe una relación funcional de los ejes corporales, especialmente en los pies y en la columna vertebral y que muchas veces estas anormalidades son producto de posturas dinámicas patológicas y no de estricto compromiso ortopédico primario. En cualquiera de los casos sin embargo, estamos frente a una patología que en forma indirecta afecta la fonación. Además la **Srta. G.** está generalmente constipada, por lo que sufre una disfunción digestiva crónica. Esto dificulta la producción vocal por vía refleja, ya que origina una acción inhibidora leve sobre el diafragma. Termina su trabajo diario no sólo con dolor de garganta sino también de pecho y espalda, que le impiden descansar.

La Srta. H. se ha recibido de docente hace tres años.

Como la mayoría de sus compañeras, trabaja en dos escuelas y en su casa tiene alumnos particulares. Presenta voz agradable a comienzo del curso lectivo, que se hace cada vez más ronca, soplante y débil a medida que pasan los meses. Trata de paliar esta situación utilizando un tono más grave que el habitual, pero como consecuencia de ello su voz pierde gran parte de su potencia de transmisión, lo que a su vez la obliga a tratar de aumentar el volumen, con lo que utiliza cada vez más energía al hablar. Se automedica antibióticos porque le han resultado efectivos en una oportunidad en que padeció un fuerte estado gripal con voz sumamente ronca como consecuencia del mismo. Pero esta medicación no puede solucionar su disfonía ya que no se debe a resfrío o a infecciones en la garganta, sino a fonación incorrecta y abusiva. No se queja de dolor, todavía, pero está sumamente preocupada porque imagina una eventual malignidad en sus cuerdas vocales. La **Srta. H.** padece de disfonía.

Margarita es hija de una docente disfónica: tiene diez años y padece de disfonía. (Tabla VI).

Es una niña normal pero presenta una ronquera crónica y severa. ¿Por qué? Respiral mal, utilizando un mínimo de su capacidad pulmonar, además inspira siempre por la boca, pero lo más serio es que no sabe utilizar sus resonadores y de este modo obliga a las cuerdas vocales a realizar un trabajo excesivo. Además hay antecedentes de disfonía en la familia. Entonces, sin hacerla examinar por un profesional especializado, la familia decidió que Margarita es ronca por herencia y por lo tanto no tiene solución. Con desconocimiento absoluto del problema no se hizo nada. Por supuesto que el problema se fue agudizando con tos, dolor de garganta y del pecho así como carraspera, hasta que finalmente se la hizo revisar por un especialista quien diagnosticó la presencia de nódulos. El incorrecto uso de las cuerdas vocales con su flema constante había originado dos pequeñas protuberancias en la cara interna de ambas, allí donde la fricción era mayor.

En el capítulo siguiente nos referiremos al tratamiento común que deberán seguir las personas cuyos casos hemos estudiado previamente, con las lógicas diferencias individuales. Sin embargo, conviene tener en cuenta lo siguiente: En las docentes **A** y **B** se deberá insistir en la relajación. En **C** es fundamental que aprenda a respirar y utilizar los resonadores a los efectos de lograr la resonancia naso-orofaríngea que dará potencia de transmisión a su voz.

D tiene, además, que tratar su alergia y artritis que influyen en forma indirecta en su fonación. Asimismo, debe cambiar su esquema de autoridad y disciplina mediante un determinado y correcto tipo de voz.

E tiene que realizar el tratamiento foniátrico sin enfatizar ningún aspecto en especial.

En el caso de **F**, el tratamiento de la úlcera de contacto con rehabilitación vocal tiene un resultado generalmente muy bueno.

G, además del tratamiento foniátrico, debe someterse a tratamiento médico con respecto a su problema de columna, disfunción gástrica y estado tensional, factores de peso en su problema fonatorio.

La docente **H** debe comenzar el tratamiento foniátrico a la brevedad, aprender a relajar y también tener una franca conversación con el foniatra acerca de sus temores.

El docente debe estar capacitado y también actualizado en cuanto a la materia a su cargo y la correspondiente metodología para enseñarla. Esto es obvio. Lo que no es obvio, y por este motivo se originan tantos problemas, es la tremenda necesidad de preparar convenientemente al docente para cuidar el medio indispensable de comunicación con sus alumnos: su propia voz.

Además, conviene recordar el Informe Mundial sobre el alcance del término Educación, presentado por la UNESCO en 1991, en el que se especifica que el aprendizaje no puede realizarse si no tiene lugar una buena comunicación. Por lo tanto, el docente debe saber cómo prevenir y detectar precozmente sus propios trastornos de la voz, para que no se interrumpa esta buena comunicación, con el consiguiente deterioro del proceso de aprendizaje.

En cuanto al último de los casos ilustrativos, el de Margarita, ésta necesita tratamiento foniátrico, pero a la vez su núcleo familiar necesita una conversación esclarecedora acerca de su disfonía con el otorrinolaringólogo a cargo de ella.

Resumiendo estos casos, podemos decir que las consecuencias de una fonación incorrecta y abusiva son variables ya que dependen de las características individuales, circunstancias, grado o extensión del problema y la propia tolerancia al uso incorrecto del aparato fonatorio. En cuanto a las causas, éstas pueden ser numerosas ya sea como factores predisponentes o desencadenantes, tanto psíquicas como físicas (Fig. 13).

Acabamos de constatar que la disfonía es un problema grave en los docentes. Sufren sus consecuencias no sólo el maestro o el profesor sino, indirectamente, también sus propios alumnos.

El docente que padece este problema de salud debe estar en tratamiento durante varios meses del período lectivo, por lo que, de serle concedida, estará en uso de licencia durante un largo período. El Estado sufre en consecuencia una erogación doble al tener que abonar sus haberes al docente disfónico y a su reemplazante. En cuanto al alumnado, sufre a su vez un doble problema, primero por haber tenido un docente a quien prácticamente no se oía, nervioso, malhumorado y con numerosas inasistencias, y segundo, por tener que acostumbrarse a otro docente circunstancial, si es que se ha logrado conseguir un reemplazante. O sea, que la disfonía que padece un docente origina problemas de índole no sólo médica sino también laboral, económica, educativa y social.

7

Fonologopatías: disfonías
(Segunda parte)

* Higiene respiratoria y vocal en la escuela. Sus beneficios.
* Respiración. Mejoramiento general de la escolaridad.
* Pedagogía respiratoria y vocal en la escuela.
* Enseñanza de la respiración, lectura y canto, deportes, etc.
* Patología infantil. Detección precoz del maestro, su conexión con los padres, orientación hacia la consulta médica y apoyo prestado al niño en la escuela.
* Actitud del docente frente a un alumno con logopatías: maestra de grado, profesora de educación física, profesora de música.
* Actitud del docente frente a los trastornos de su propia voz.
* Higiene preventiva.

Los pasos para el correcto enfoque de un problema fonoaudiológico consisten en:

1. Detección y concientización del problema.
2. Estudio del mismo.
3. Tratamiento y corrección.
4. Seguimiento.

O sea que una vez percibido el trastorno, lo que debe hacer en forma precoz el paciente es reconocer la existencia de su problema. A continuación, y también lo más precozmente posible, debe someterse a los estudios necesarios para la evaluación de su fonologopatía. En base al resultado de los mismos, realizados por profesionales médicos (clínico, ORL, foniatra) el fonoaudiólogo, llevará a cabo el tratamiento correspondiente de acuerdo con las características del problema y del individuo en el que se ha instalado. Concluido exitosamente el tratamiento, el paciente deberá volver en forma periódica al profesional que lo ha atendido para que éste efectúe un control.

Uno de los procedimientos de reeducación de disfonía utilizado en la mayoría de los casos consiste en las siguientes etapas, que deben adaptarse siempre a las características y necesidades de cada paciente; incluso el orden en que se llevan a cabo puede variar según lo expresado previamente:

a. Lograr la inspiración nasal, que es la única fisiológica ya que condiciona el aire para penetrar en el organismo.
b. Enseñar el tipo respiratorio costo-abdominal.
c. Ampliar suficientemente la capacidad respiratoria para que el paciente aprenda a dosificar la salida del aire hasta lograr darle a la voz la intensidad necesaria para cada opotunidad.
d. Acompañar esta práctica con relajación general y local.
e. Orientar hacia el uso de los resonadores.
f. Enseñar a ubicar las cuerdas vocales en la posición correcta para su acercamiento y tensión.
g. Enseñar la dosificación correcta de la presión del aire sobre las cuerdas vocales.
h. Efectuar ejercicios de coordinación fonorrespiratoria primero con voz salmódica y luego normal mediante el uso de vocales a las que se agregarán las escalas, siempre utilizando resonancia nasal. Estos sonidos se convertirán en sílabas, luego en palabras y finalmente en oraciones.
i. Al mismo tiempo, se llevará a cabo el adiestramiento del oído del paciente para que realice el autocontrol de la potencia de su voz en intensidad normal, cuchicheada y voz de mando. Con su nueva voz el paciente practicará lectura, exposición, conversación espontánea, etc. en posición sentada, de pie, caminando, etc. hasta lograr la automatización de su proceso de rehabilitación, teniendo en cuenta que la voz articulada correctamente resulta más sonora y, por lo tanto, más audible que la voz gritada.

El paciente debe aprender a aceptar y utilizar su voz correcta no sólo en el ambiente terapéutico, sino en el de su vida diaria.

Es aconsejable que grabe su voz antes y en las diversas etapas del tratamiento para que adquiera noción del progreso vocal. Una vez terminado el tratamiento, graba nuevamente su voz para compararla con la anterior.

Este proceso se lleva a cabo bajo el control del terapeuta y la evaluación final del médico que lo ha derivado.

Higiene de la voz

Conviene tener en cuenta que la voz no se cansa, sino la persona que la emite cuando no sabe cómo hacerlo correctamente. La ronquera, así como el esfuerzo laríngeo y hasta el extralaríngeo como consecuencia de una locución prolongada no son la consecuencia normal de ésta ya que se deben a la vocalización mal emitida y abusiva. Para Froeschels, incluso la correcta higiene de la voz puede prevenir trastornos orgánicos (como por ejemplo, la formación de nódulos).

Los gargarismos, nebulizaciones, vaporizaciones y uso de pastillas constituyen medidas paliativas que no eliminan el problema fonatorio y sólo enmascaran el dolor o la irritación de la zona inflamada, por un tiempo cada vez más corto.

Si bien el antecedente del cáncer de laringe puede ser una disfonía, esto no significa que todos aquellos que estén afectados de disfonía tengan necesariamente que terminar con un cáncer en su garganta. Así tampoco el consumo excesivo de cigarrillos debe ser siempre la causa de un cáncer de laringe o de pulmón, pero ambas situaciones se dan en un elevado número de casos.

El párrafo anterior no tiene por objeto asustar al lector sino hacerlo plenamente consciente del altísimo precio que a veces se paga por no prestar la debida atención al cuidado de nuestra propia salud.

Es indispensable que un docente tenga en cuenta los elementos que hacen a su propia voz como timbre, tono, volumen, velocidad, entonación y apoyo respiratorio. Debe estar provisto de una óptima capacitación vocal y de los conocimientos anátomo-fisiológicos necesarios. Así, siguiendo a Segre-Naidich, se debe recordar que la postura es un concepto dinámico y no estático, o sea que el cuerpo rara vez se mantiene inmóvil, realizando movimientos de extensión y dirección muy variables que influyen en la emisión de su voz. Además todas las alteraciones posturales por trastornos de columna y caída de los órganos alteran a distancia la función vocal en cuanto a la respiración y a la posición del cuello, tensión muscular, alteraciones en el tonismo general, etc. La voz profesional exige el libre juego de múltiples estructuras como labios, lengua, maxilares, cuello, torso, abdomen, musculatura general de sostén, lo que implica un aprendizaje consciente de esas motricidades para poder manejarlas a voluntad.

En lo que se refiere a la respiración, es conveniente recordar que la torácica superior solamente expande y retrae la porción superior del tórax, la clavicular hace que los hombros asciendan y desciendan, pero en ambos tipos respiratorios se generan tensiones laríngeas, faríngeas y corporales en general.

Se presume erróneamente que la inspiración es más profunda si se dilata el tórax y se levantan los hombros y que con ello se mejora el habla y se fortifica la salud. Subrayemos entonces que la única respiración fisiológica es la costoabdominal o diafragmática (Figs. 3/14). Dicho tipo respiratorio es no sólo necesario para lograr mayor audibilidad y sonoridad en la vocalización, sino que también permite efectuar una entonación correcta y adoptar el tono individual óptimo en una emisión fácil y cómoda.

Si bien la inspiración correcta es la nasal, cuando realiza una clase expositiva, el docente debe tener en cuenta que cuando efectúa la inspiración bucal (que es la única que puede utilizar en esa circunstancia) ésta debe ser silenciosa, corta y rápida. A partir del tercer ciclo del nivel elemental y abarcando todos los niveles de enseñanza y aprendizaje, sugerimos utilizar el siguiente cuadro evaluativo de la voz de los alumnos.

Evaluación de la voz

Nombre del alumno:
Nivel:
Circunstancia (Exposición oral, lectura, conversación
espontánea, otros):
Realizada por:

1. **Intensidad** (volumen)
   Correcta (   ) / Inaudible (   ) / Excesiva (   )

2. **Entonación** (tono)
   Flexible (   ) / Monocorde (   )
   Demasiado agudo (   ) / Demasiado grave (   )

3. **Dicción** (pronunciación)
   Correcta (   ) / Defectuosa (   ) / Exagerada (   )

4. **Fluidez**
   Fluida (   ) / Entrecortada (   ) / Sin pausas (   )

5. **Apoyo respiratorio**
   Correcto (   ) / Incorrecto (   )

6. **Postura**
   Correcta (   ) / Incorrecta (   )

Autocontrol de la respiración

Esta ejercitación debe realizarse con ropa amplia de manera que nada oprima el pecho o el abdomen.

Es conveniente colocarse en posición horizontal, con una mano apoyada sobre el tercio superior torácico para controlar que no se practique respiración clavicular, y con la otra mano sobre el diafragma para controlar la respiración correcta.

Durante la inspiración que se realiza suavemente por la nariz en forma relajada, silenciosa y rítmica, el diafragma se contrae y se ubica en un plano horizontal desplazando hacia adelante a los órganos que se alojan en la cavidad abdominal, lo que origina abultamiento del abdomen. Durante la respiración, inversamente, al producirse la relajación del diafragma éste adquiere lentamente su posición anterior con lo que los órganos alojados en la cavidad abdominal retornan a la posición previa, desapareciendo de esta manera el abultamiento del abdomen. Al mismo tiempo, el aire contenido en los pulmones es expulsado por la boca en forma continuada y suave, debiendo evitarse que sea eliminado en forma irregular y violentamente. Es conveniente espirar emitiendo el sonido de la letra F en un único soplo tranquilo y firme (Figs. 3 y 14).

**AUTOCONTROL
DE LA RESPIRACIÓN**

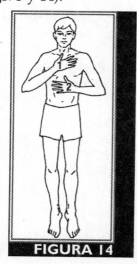

1. Mano colocada sobre el tercio superior torácico.

2. Mano colocada sobre el diafragma.

FIGURA 14

Al comienzo se aconseja realizar esta práctica en tres tiempos para cada etapa. O sea, contar mentalmente hasta tres al inspirar y otras tres al espirar. Repetir cada ejercicio completo tres veces seguidas en varias oportunidades durante el día, como por ejemplo, a la mañana, a la tarde y a la noche.

Una vez que se ha logrado realizar la ejercitación correctamente, aumentar la duración de cada etapa contandohasta cuatro y sin interrupciones. Logrado esto, intercalar entre inspiración y espiración un período en el que se retiene el aire con boca cerrada: inspirar (cuatro), retener (cuatro) y espirar (cuatro). Repetir esta ejercitación completa cuatro veces seguidas en varias oportunidades durante el día. Hacer lo mismo en posición de pie y luego sentado, continuando con el control diafragmático de la mano para sentir la expansión del abdomen al inhalar y su retracción al exhalar. Llevar a cabo la ejercitación sin control de la mano, primero por concentración mental y luego por automatización. Tener siempre presente la necesidad de mantenerse relajado.

Causas principales de los trastornos de la voz en el docente

Entre éstas podemos mencionar:

a. Desconocer el mecanismo correcto de las 3 R: respiración, relajación y resonancia.
b. Utilizar demasiado volumen.
c. Inspirar constantemente por la boca.
d. Inspirar insuficientemente o en forma incorrecta.
e. Utilizar incorrectamente las cajas de resonancia.
f. Articular rápida y pobremente.
g. Utilizar un tono de voz demasiado grave o demasiado agudo.
h. Estar tenso y por lo tanto, contracturado.
i. No dar importancia a sus trastornos de la voz y continuar haciendo uso de la misma, por lo que se agudizarán aún más.

j. Insistir en dar clase oral cuando por enfermedad de las vías aéreas superiores debería hacer reposo de su aparato fonatorio y del resto del cuerpo, también.

k. Automedicarse en lugar de consultar a un especialista cuando tiene problemas de la voz y continuar utilizando ese mismo tipo de voz.

Refiriéndonos al tratamiento de las disfonías en forma sumamente escueta, podemos decir que éste depende, entre otras, de las características del problema, su etiología, tiempo de evolución, individuo en el que se ha instalado y el criterio del profesional a cargo. El enfoque puede ser quirúrgico, clínico y mixto.

Sugerencias para reducir el desgaste fonatorio del docente

1. Utilizar una correcta técnica fonatoria, aplicando el mecanismo de las 3 R.
2. Evitar cualquier esfuerzo exagerado en el mecanismo de emisión.
3. Hablar menos, preguntar más y dejar hablar.
4. Disminuir el volumen de la voz para atraer la curiosidad de oídos y ojos.
5. Si el comportamiento de los alumnos no es adecuado, no gritar en absoluto, sino que, previo aviso de lo que va a hacer, disminuir paulatinamente el volumen de la voz para obligarlos a prestar atención y formular luego preguntas sobre lo recién explicado.
6. Utilizar inteligentemente la caja torácica para aumentar la capacidad pulmonar y por ende, el soplo espiratorio.
7. Mantener los músculos del cuello relajados para no forzar la laringe.
8. Mantener la musculatura en general en un adecuado tonismo.

9. Articular claramente, sin exageraciones.
10. Cuando se padece una infección de las vías respiratorias superiores tratar de hablar lo menos posible, dando a los alumnos otros tipos de ejercitación para realizar en el aula.
11. Dar clase en un salón con buena acústica, que haya sido edificado con el fin de ser utilizado específicamente como tal.
12. Recordar que cuando el docente grita se pone nervioso (o viceversa) y lo único que logra es que sus alumnos también lo estén.
13. Presentar el material que se ha de enseñar de una manera novedosa, que atraiga su atención e interés.
14. En el tercer ciclo de la enseñanza hacer más uso de las clases especiales preparadas por los propios alumnos, bajo la estricta dirección del docente.
15. Cuando esté resfriado, no abrigarse en exceso porque ello lo hará transpirar, con lo que se agudizará su resfrío y consecuente disfonía al no poder secarse ni cambiarse de ropas en la escuela.
16. Tener en cuenta cuando deba dictar su clase en prehora o en la primera hora del turno de la mañana, que su voz puede estar pasando por el período de la así llamada "voz matinal". Ésta consiste en utilizar un tono mucho más bajo que el habitual debido a que la musculatura del cuerpo —incluyendo también la laríngea— continúa relajada después de una noche de sueño. Esta etapa es totalmente normal y de ninguna manera puede mejorarse tosiendo o tratando de aclarar la garganta, cuyo único efecto es irritativo. El tono se irá elevando y la voz purificando hasta llegar a la normalidad, simplemente por el uso de la voz.

Qué puede hacer el docente para ayudar a sus alumnos en el campo de la fonoaudiología

A. Proveerlos de un ambiente tranquilo, sin tensiones, para lo que el docente debe estar relajado también.

B. Ubicarse en un lugar de la clase en que todos los alumnos lo puedan ver y oír bien; mientras que, a su vez, el docente pueda mirar a cada uno de ellos en forma sucesiva.

C. No pasearse entre las filas de pupitres cuando explica un tema del que los alumnos toman apuntes, porque obliga a los sentados en las primeras filas a estar constantemente dados vuelta para poder seguir su explicación. Esto les impide oír bien o escribir con comodidad y los coloca en una posición incómoda, además de hacer que el docente deba repetir varias veces lo que está explicando.

D. Emitir la voz con un volumen algo superior al normal y articulando sin exagerar porque distorsionaría los sonidos; pero al mismo tiempo asegurándose de que todos lo pueden oír sin esfuerzo.

E. Estar atento a las características patológicas de algunos alumnos que pueden aparecer en una escuela común. Corroboradas éstas, citar a los padres para hacérselas conocer sin dar ninguna etiqueta diagnóstica, pero sí sugiriendo una pronta visita al médico.

F. Si bien en cada uno de los temas correspondientes a los problemas de la voz y de la palabra nos hemos referido específicamente a dichas características, estamos atentos a las siguientes de cada alumno: atención, interés, comportamiento dentro y fuera del postura física (sentado, de pie, en movimiento), destreza física (ejercicios y juegos), escritura, prolijidad (letra, espacios, borrones, trazado de líneas) y más específicamente respiración, emisión de la voz y de la palabra, así como audición.

Por ejemplo, cuando un alumno habla, tratamos de constatar si eleva los hombros al inspirar y si lo hace constantemente con la boca abierta; si respira en forma ruidosa, si se le hinchan las venas del cuello, si se le tensan los músculos del cuello, si participa la musculatura extralaríngea, etc.

G. Observar a sus alumnos cuidadosamente con el fin de detectar el área en que el niño con problemas en la comunicación oral o de otra índole pueda ser mejor que sus compañeros (como por ejemplo prolijidad, destreza física, responsabilidad, destreza manual, etc.) para ayudarlo a destacarse y mantener o incrementar su autoestima.

H. Enseñar a los alumnos a respirar correctamente y practicar esta respiración una vez al día (cinco minutos de la totalidad del horario de clase) con las puertas y ventanas abiertas o directamente en el patio, haciendo que la practiquen con total responsabilidad, seriedad y comprensión de lo que hacen y por qué lo hacen.

I. Si bien este tipo de actividad puede ser practicada diariamente con la maestra de grado, se aconseja que prioritariamente sea llevado a cabo con la profesora de Educación Física en el patio.

J. También es factible hacerlo con la profesora de Música, quien además en caso de sospecha de pérdida auditiva, puede hacer una prueba de audición con los elementos musicales habituales. De ser confirmada la disfunción auditiva por el profesional médico correspondiente, puede ayudar a este alumno dando a toda la clase variada ejercitación rítmica, lo que también puede realizar con la profesora de Educación Física.

K. Enseñar a los alumnos a relajar correctamente y llevar a cabo esta práctica dos o tres veces por semana durante aproximadamente diez minutos bajo la dirección de la profesora de Educación Física. El alumno debe realizar esta práctica con total responsabilidad y conocimiento del motivo por el que lo hace.

L. Recordar que ya sea en el campo de la fonoaudiología o en general, la estabilidad afectiva, tanto en el clima doméstico como en el escolar, es de suma importancia. El niño no debe sentirse ni rechazado ni sobreprotegido, sino aceptado y querido por lo que él es.

Cómo puede el docente mejorar su fonación

1. Controlar su mecanismo fonatorio frente a un espejo.
2. Conocer la intensidad ideal del empleo de su propia voz mediante ensayos con la ayuda de otra persona, la que se ubicará a diferentes distancias del emisor.
3. Articular claramente cada sonido, pero sin exagerar ya que lo distorsionaría, especialmente las consonantes. Tener en cuenta que debe articularlo no en forma aislada, sino siempre integrándolo al resto de la oración.
4. Realizar la ejercitación del Apéndice I, controlándose frente a un espejo.
5. Realizar nuevamente esta ejercitación pero con los ojos cerrados para controlarse mediante la sensación muscular. Automatizar este control.
6. Grabar su voz cuando conversa naturalmente, lee, recita y cuando explica algún tema a sus alumnos. Escuchar dicha grabación repetidas veces prestando atención no sólo a la manera de articular sino también a la emisión de la propia voz. Grabarla nuevamente, tratando de mejorar. Comparar ambas versiones.
7. Al hablar, tener en cuenta de no omitir los finales de las palabras. Esto puede suceder porque no le alcanza el soplo espiratorio o porque habla demasiado rápidamente.
8. Evitar la caída de la intensidad de la voz al finalizar un párrafo o en las entonaciones descendentes.
9. Mantener la musculatura fonatoria relajada y en correcta posición especialmente la del cuello y hombros.

10. Desarrollar el sentido del ritmo y la módulación. Utilizar todas las inflexiones de la voz para variar los matices y evitar la monotonía.

11. Respetar la puntuación, distribuir el tiempo y el soplo espiratorio adecuadamente a cada frase u oración, lo que origina variaciones en la cantidad de aire expulsado y previene la pérdida de aire.

12. Mirar a los alumnos a los ojos para mantener su atención y así no verse obligado a forzar la voz.

13. Emitir claramente las palabras para que éstas entren por los oídos pero también por los ojos. Por ejemplo, al tomar un dictado: "Mírenme".

14. Girar el rostro en forma sucesiva e imperceptible para que cada alumno tenga la impresión que en algún momento de la clase el docente se ha dirigido a él en especial.

15. Mantener una postura correcta.

16. Recordar que gritar no atrae la atención de la clase más que una sola vez; la primera. Y que si el docente está nervioso o grita, sólo conseguirá que sus alumnos también reaccionen en la misma forma.

Higiene de la voz en la escuela. Respiración y relajación

Dado que el objetivo de este libro consiste específicamente en la prevención y detección precoz de los trastornos fonoaudiológicos en el ámbito escolar, tratamos de no excedernos en los límites de lo que puede hacer el docente.

Sin embargo, pensamos que tanto la correcta técnica respiratoria como el adecuado enfoque de relajación —entre otros— son absolutamente necesarios para prevenir dichos problemas.

Nos referiremos a los principios generales que un maestro o profesor actualizado puede hacer conocer a sus alumnos sin problemas fonoaudiológicos, y en forma absolutamente preventiva y no curativa. Así como el docente debe saber respirar correctamente para cuidar su propia voz y por ende su salud, así también puede y debe enseñar a sus alumnos a hacerlo con los mismos fines. Se sugiere que realicen esta tarea la maestra de grado, la profesora de Educación Física o la de Música. La maestra enseñará la respiración adecuada para hablar normalmente, leer en voz alta, dar lección oral, recitar, etc. La docente de Educación Física lo hará en cuanto a la gimnasia, práctica de juegos y de deportes; mientras que la docente de Música la enseñará con respecto al canto. Este aprendizaje redundará no sólo en un mejoramiento del estado de salud del alumno, sino también en su rendimiento escolar.

El ámbito adecuado para la gimnasia respiratoria debe ser un lugar al aire libre, como el patio de la escuela. Allí la profesora de Educación Física puede corregir y mejorar la postura de sus alumnos así como realizar ejercicios de respiración. Éstos deben tener como primer paso el estricto control individual de la docente. Una vez que cada alumno los realiza correctamente y sin marearse, recién entonces se podrá hacer ejercitación grupal y finalmente colectiva. Por supuesto que la respiración de ser costoabdominal, tranquila y silenciosa y no clavicular con inspiración ruidosa y exagerada, tan común en clases de gimnasia.

Este tipo de actividad puede hacerse con otro enfoque en la clase de música, en la que los alumnos aprenderán también el ataque vocal correcto —o sea, cómo empezar a cantar, así como la tesitura en la que les corresponde cantar—. La profesora debe ser muy cuidadosa cuando sus alumnos presentan algún problema de la voz (que puede abarcar desde un simple resfrío hasta la mutación de la misma) e incluso aconsejará no hacer uso de la voz cantada cuando la fisiología fonatoria así lo requiera. La mutación de la voz, si bien es más notoria en los varones, también se lleva a cabo en las mujeres, pudiendo abarcar este período de cambio de voz de pocos días a varios meses. De acuerdo con el desarrollo físico del alumno ya puede suceder entre los 12 y 14 años, pudiendo también ser más precoz o más tardío. Específicamente en los grados, es importante que la profesora de

Música tenga en cuenta que las enfermedades infecciosas infantiles pueden causar disfonías que se mantienen durante algún tiempo. Ello sucede no solamente en el caso obvio de resfríos y anginas sino también en el sarampión, escarlatina, etc. Asimismo, infecciones dentarias, sinusitis y amigdalitis influyen en forma directa o indirecta sobre la respiración y fonación. Corresponde al médico clínico, al otorrinolaringólogo (O,R,L) o al foniatra ocuparse de este tipo de problemas, pero sí corresponde que el docente los tenga en cuenta para no exigirle al alumno lo que éste no está en condiciones físicas de dar.

En cuanto a la relajación, su objetivo es doble. A saber:

1. Aprender a mantenerse tranquilo, aliviando tensiones emocionales que, a su vez, producen tensiones físicas.

2. Despertar la conciencia muscular individual para distinguir entre tensión muscular cómoda y útil para un determinado fin, y contractura excesiva e inútil. Lo que significa que relajar no implica suprimir sino mantener un nivel de tonismo muscular normal. Es decir, poder llevar a cabo una acción utilizando un mínimo de energía. Si para realizar un movimiento actúa un músculo determinado y si sucede que su antagonista en vez de permanecer relajado se contrae al mismo tiempo, el primero deberá hacer un enorme esfuerzo para vencer la resistencia del segundo, lo que originará contractura y eventualmente dolor. En cambio, si se suprime la contracción del músculo antagonista, se suprime también el esfuerzo necesario para vencer la resistencia muscular.

En la actualidad se practican varias técnicas de relajación. Para Segre y Naidich éstas deben ser voluntarias, pensadas, precisas y controladas para llegar a ser automatizadas después de un determinado período de ejercitación.

Para llevar a cabo en el ámbito escolar sugerimos la siguiente, que se realizará bajo la dirección de la profesora de Educación Física en el patio del establecimiento.

El alumno se acuesta de espaldas sobre una manta en el piso. El primer paso consiste en hacer que sienta su propia musculatura primero tensa y luego relajada para tomar conciencia de la diferencia entre ambos estados. Para ello se le pide que tense los músculos de sus brazos al máximo y se le hace sentir esta sensación. Luego se le pide que los relaje al máximo y se le hace sentir esta sensación. El mismo procedimiento se sigue con piernas, hombros, y el resto del cuerpo. Una vez que ha sentido en cada segmento anatómico esta diferencia, se va trabajando con la relajación solamente, en forma progresiva.

Para efectuar la práctica de relajación el alumno debe ubicarse en posición horizontal, con las piernas estiradas y los brazos en ligera flexión a ambos lados del cuerpo, manteniendo los ojos cerrados y la boca entreabierta. El profesor habla a un ritmo más lento y plácido que el habitual sin que su voz denote ningún tipo de tensión ni de apuro. Sugiere sentir pesadez y tranquilidad. Dice, por ejemplo:

"Me pesan los hombros, los brazos, los codos, los antebrazos, las muñecas, las manos, los dedos; ...pesado, tranquilo, suave, pesado..." Y así sucesivamente va enumerando en forma ordenada brazos, piernas, cabeza y tronco.

Los alumnos siguen este proceso mediante su respuesta muscular; es decir que no hablan ni hacen nada más que concentrar su atención para eliminar la tensión de los segmentos de su anatomía que se les va nombrando. Si la relajación está bien hecha, el que la practica sentirá una suave sensación de entrega y abandono.

Creemos que la relajación en la escuela puede llevarse a cabo hasta esta etapa. La siguiente, que se refiere a una relajación más dinámica con utilización de fuerza muscular de determinados segmentos del cuerpo en particular, debe realizarse bajo la dirección de especialistas.

Haciendo un resumen general de la conducta fonatoria, ésta debe basarse en la armonía psico-física que a su vez abarca correctas respiración, relajación, resonancia, postura y emisión de la voz.

El niño que respira correctamente y que está relajado porque se encuentra en un ambiente tranquilo y placentero —su escuela— aprenderá mejor. La docente que respira correctamente y está relajada porque se encuentra en un ambiente tranquilo y placentero —su escuela— enseñará mejor, con lo que se formará un círculo beneficioso para ambos.

Qué se hace actualmente con respecto a los problemas fonoaudiológicos en la escuela

A) Con los docentes.

B) Con los alumnos.

A) Para el ingreso al ejercicio de la actividad docente, es necesario aprobar un examen de aptitud que consiste en una serie de exámenes médicos del postulante. Entre otros, figura uno otorrinolaringológico, otro foniátrico y una audiometría. Si los resultados son normales, los docentes están autorizados a ejercer. Si no lo son, deben someterse al tratamiento corespondiente para poder hallarse en condiciones de aprobar el examen de aptitud. Si bien los docentes han pasado este examen, no es posible pretender que durante todo el transcurso de su carrera mantengan el mismo estado de salud que al comienzo. Por este motivo, es aconsejable que todos los docentes se sometan a exámenes médicos periódicos para poder detectar cualquier problema incipiente y actuar en consecuencia.

En la actualidad se trata de ofrecer a los docentes charlas esclarecedoras en las que se dan pautas generales sobre el cuidado de la voz, etc. Pero como en las escuelas no se dispone de un lugar físico apropiado ni de horarios especiales que permitan a las maestras llevar a cabo esta actividad, y como hay aproximadamente una proporción de 2 fonoaudiólogas cada 33 establecimientos educativos, este programa resulta difícil de cumplir. Sin embargo, cabe mencionar el caso de OSPLAD donde, desde hace más de 20 años, se dictan cursos sobre profilaxis de la voz.

B) El equipo del Área Programática de los distintos hospitales municipales acude a las escuelas estatales correspondientes a su radio de acción para llevar a cabo un programa de evaluación psico-física de los alumnos. Entre otros se realizan exámenes que incluyen el físico, fonoaudiológico, odontológico y psicológico de cada niño. La fonoaudióloga del equipo investiga la presencia de discapacidad auditiva, trastornos del lenguaje, de la respiración y deglución, así como dislalias y disfonías. De ser detectado alguno de estos problemas, el alumno es generalmente derivado al hospital de donde provienen los miembros del equipo del Área Programática o a la Obra Social de su familia.

Esta tarea se realiza con los niños de preescolar y de primer grado, es decir, de 5 y 6 años de edad y en todas las escuelas. De ser posible, también se lleva a cabo en alumnos de 8 y 12 años, constatándose que la mayor incidencia se da en el rubro dislalias (Tabla III).

En las últimas Jornadas de Salud Escolar realizadas en Buenos Aires se presentó un informe acerca de la evaluación fonoaudiológica en el nivel inicial correspondiente a escuelas municipales. Creemos interesante incluir parte del mismo: Participaron 19 fonoaudiólogas y fueron evaluados 1.170 alumnos de entre 5 y 6 años la edad, provenientes de las escuelas comprendidas dentro de las Áreas Programáticas de los hospitales Fernández, Ramos Mejía, Álvarez, Durand, Tornú y CESAC 12 (Pirovano). Este informe fue realizado por las fonoaudiólogas de los Equipos de Salud Escolar de dichos hospitales, en algunos casos en conjunto con el equipo del Área Odontológica (Tabla III).

Los resultados generales obtenidos fueron los siguientes:

Tabla XII
Resultados generales obtenidos

Total de niños evaluados	1.170
Con patología	641 (55%)
Derivados a Obra Social	203 (17%)
Derivados a hospitales	231 (20%)
Orientados	170 (14,5%)
En tratamiento	37 (3%)

187

Número de patologías encontradas

Sospecha de hipoacusia	104 (9 %)
Lenguaje comprensivo	26 (2 %)
Lenguaje expresivo	67 (6 %)
Articulación/dislalias	381 (32,5%)
Disfonía	64 (5 %)
Respiración bucal	178 (15 %)
Deglución atípica	112 (9,5%)

Cabe consignar que, si bien estos resultados muestran un promedio general, los porcentajes de cada hospital no difieren entre sí. Es importante subrayar que estos estudios se llevan a cabo en la etapa formativa del lenguaje cuando todas las funciones integradoras recién se están consolidando. Entonces es posible realizar un tratamiento precoz y efectivo de los eventuales trastornos que pueden afectar las funciones auditivas, fonatorias, respiratorias y deglutorias descubiertos mediante estos exámenes.

La Secretaria de Educación de la Municipalidad de la Ciudad de Buenos Aires cuenta con gabinetes externos de Foniatría en las Escuelas para Sordos y de Educación Especial N.os 28 y 29. Su servicio es comunitario y gratuito para el tratamiento de problemas de audición, voz y lenguaje. Asimismo, las escuelas dependientes de la Dirección del Área de Educación Especial de la misma Secretaría cuentan con gabinetes de Reeducación Vocal para la atención de trastornos en la comunicación oral. En la actualidad los Equipos de Orientación Escolar del sistema educativo municipal derivan a las escuelas para sordos a los alumnos en los que se han detectado problemas fonoaudiológicos, presenten éstos o no pérdida auditiva, siendo su tratamiento llevado a cabo por profesores de sordos o fonoaudiólogos. Cabe mencionar también que la mayoría de los hospitales municipales cuenta con servicios o gabinetes de foniatría y de audiología que trabajan en estrecha relación con el Servicio de ORL y que son, como los anteriores, de índole gratuita.

Qué proponemos hacer con respecto a la prevención y detección de los problemas fonoaudiológicos

Esta propuesta abarca estudiantes de los profesorados, docentes en actividad, alumnos y sus padres, así como fonoaudiólogos.

Desarrollo del plan propuesto

1. En los profesorados:

Dictado de la materia Fonoaudiología, con carácter de asignatura de promoción obligatoria, que abarca el siguiente temario:

Fonoaudiología

Materia promocional, con asistencia obligatoria.

Características: teórico-práctica.

Teoría

1. Nociones básicas de anatomía y fisiología general y especial de los aparatos fonatorio y auditivo.
2. La voz normal y patológica. Características. Higiene de la voz. Las 3 R: respiración, relajación, resonancia.
3. Disfonías. Prevención y detección precoz.
4. La palabra. Articulación normal y patológica. Dislalias; características. Detección precoz.
5. Problemas fonoaudiológicos asociados con:

    A) Disfonía.

    B) Discapacidad auditiva.

    C) Tartamudez.

    D) Labio leporino.

    E) Respiración bucal.

    F) Retardo en la adquisición del lenguaje.

    G) Otros.

Características. Posibles causas. Pronóstico. Actitud correcta del docente.

Práctica

I) Ejercitación de las 3 R.
II) Confección y utilización de tests para la evaluación de discapacidades fonoaudiológicas en los alumnos.
III) Confección de poesías y juegos para ejercitación.
IV) Ejercicios para agilizar la motilidad de la lengua, labios, paladar blando; de hombros y cuello.
V) Concurencia pasiva a un Servicio de Fonoaudiología para reconocer en forma práctica lo estudiado previamente en forma teórica.

2. En las escuelas:

A) Implementación de cursos y/o talleres de perfeccio namiento docente dados por fonoaudiólogos u otros especialistas, que otorguen puntaje, del tipo de los que figuran a continuación:

Cursos de actualización docente

a) Problemas de la voz y de la palabra en la escuela

1. Nociones básicas de la anatomía y fisiología de los aparatos fonatorio y auditivo.
2. La comunicación oral: mecanismo del lenguaje hablado.
3. Desarrollo del lenguaje en el ser humano:
   a) Como especie. Paleoantropología.
   b) Como individuo. El lenguaje en el niño: Etapas. Características. Factores que influyen. El lenguaje en el alumno primario.
4. Trastornos en la comunicación oral. Características. Factores que influyen. Etiología.

Profilaxis. Casos ilustrativos. Desempeño del docente con respecto al niño con problemas fonoaudiológicos, sus compañeros de aula y entrevista con sus padres.

5. Análisis de:
   I. Dislalias.
   II. Hipoacusia.
   III. Tartamudez.
   IV. Labio leporino.
   V. Respiración bucal.
6. *Tests* para la detección y/o evaluación de dislalias e hipoacusia.
7. Poesías y juegos para la ejercitación de sonidos.
8. Ejercicios para agilizar la motilidad de labios, lengua, paladar blando, hombros y cuello.
9. La voz. Fonación normal. Características. Etiología. Las 3 R: respiración, resonancia, relajación.
10. Cuidado de la propia voz. Aprendizaje y práctica de las 3 R.
11. Fonación patológica. Disfonías. Características. Etiología. Casos ilustrativos.
12. Prevención de la disfonía. Detección precoz. Sugerencias para prevenir el desgaste fonatorio del docente. Cómo mejorar la propia voz.

b) Trastornos en la comunicación oral

I
Historia del lenguaje en el ser humano como especie y como individuo.

A. Paleoantropología.
Cuando el hombre empezó a hablar.
En qué etapa de su evolución comenzó a ser verdaderamente humano.
Qué se entiende por "hablar" y por "comunicarse".
Lenguaje gestual y lenguaje oral.
Teorías sobre el origen del lenguaje.

B. Desarrollo del lenguaje en el niño normal.
Nociones básicas de anatomía y fisiología de los
aparatos fonatorio y auditivo.

II

La palabra y la voz en el alumno.

El niño que respira, oye o habla incorrectamente.

Problemas fonoaudiológicos más comunes que pueden
presentar niños normales en la escuela. Causas y consecuencias.

1. Dislalias
2. Hipoacusia
3. Tartamudez

Actitud del docente informado. Qué hacer y qué no hacer frente a un alumno con alguno de estos problemas.

Entrevistas con los padres.

Confección de tests para la detección de dislalias.

Pruebas muy simples para constatar la presencia de algún problema auditivo.

Poesías y juegos para la práctica de determinados sonidos.

Ejercicios en forma de juegos para la práctica de respiración y de la motilidad de lengua, labios y paladar, como también de cuello y hombros.

III

La voz en el docente

Disfonías:
    Características.
    Causas y consecuencias.

Prevención y detección precoz.

Higiene de la voz:

Autocontrol de respiración, relajación y resonancia. Sugerencias para evitar el desgaste fonatorio del docente.

c) Trastornos en la comunicación oral en la escuela, su prevención y detección precoz

Duración: 2 jornadas de 4 horas cada una.

Primera jornada: el alumno
Análisis de:

A. Dislalias

B. Hipoacusia

C. Tartamudez

Características, etiología, profilaxis (en caso de ser posible). Casos ilustrativos. Desempeño del docente con respecto al niño con problemas fonoaudiológicos, sus compañeros de aula y sus padres. Tests para la detección y/o evaluación de dislalias e hipoacusias. Poesías y juegos para la ejercitación de sonidos.

Segunda jornada: el docente

La voz; fonación normal.

Características, etiología.

Cuidado de la voz. Aprendizaje y ejercitación de las 3 R. Respiración, resonancia, relajación.

Fonación patológica. Disfonías: Características, etiología. Prevención.

Detección precoz. Sugerencias para reducir el desgaste fonatorio del docente en el aula.

Objetivos de este cursillo:

1. Capacitar al docente mediante conocimientos básicos para poder detectar precozmente los problemas de la palabra y de la voz en sus alumnos, para poder actuar en consecuencia.

2. Capacitar al docente para que pueda preservar y mejorar el uso de su propia voz y consecuentemente, de su salud.

Ya ampliamente desarrollado el punto A de nuestra propuesta que se refiere a lo que puede hacerse en "2. Las escuelas", continuamos con nuestras sugerencias.

B) Implementación periódica del examen de salud de los docentes incluyendo su aparato fonatorio, respiratorio y auditivo.
El ideal sería realizarlo cada 2 años.

C) En todos los grados y con una periodicidad anual, implementar los exámenes psico-físicos del alumnado, en este caso para detectar la presencia de trastornos en su comunicación oral o para evaluar la efectividad de su tratamiento.

D) Implementación de charlas con los padres de los alumnos. A saber: Asistencia a charlas esclarecedoras dentro del ámbito escolar, de las que participen padres, docentes, una psicopedagoga y una fonoaudióloga.

Temario

El alumno que se comporta distinto de los demás.
Cómo habla, oye, se mueve o respira.
Posibles causas y consecuencias de este trastorno.
Influencia del mismo en su actividad escolar.
Necesidad de su detección precoz.
Necesidad de su tratamiento precoz.
Integración a la escuela, actitud de la docente y de los compañeros. Qué puede y debe hacer la docente como tal. Qué no debe hacer para ayudarlo correctamente.

E) Libre acceso a material bibliográfico actualizado, tanto para docentes como para padres, en la biblioteca de la escuela.

F) Presencia de una fonoaudióloga que concurra en días y horarios fijos a cada una de las escuelas correspondientes al radio de acción de su hospital (hospital efector distrital) para ocuparse en forma regular del tratamiento de los docentes y/o alumnos que lo necesiten.

Charlas mensuales dadas por dicha profesional sobre profilaxis de los problemas de la voz, así como detección de problemas fonoaudiológicos en sus alumnos.

Si bien esta propuesta que acabamos de exponer es en la actualidad una fervorosa expresión de deseo, pensamos que tanto la actividad que está llevando a cabo la MCBA como ésta, no se excluyen. Muy por el contrario, se refuerzan y complementan ya que ambas tienden a lograr el mismo fin.

Comentario final

En esta época de grandes reformas educativas, con ideales de alto nivel formativo, perfeccionamiento docente en todos los niveles, cambios de esquemas, ciclos y módulos así como interacción entre las distintas materias acompañadas por novedosas tecnologías, consideramos que existe un elemento importantísimo que, nuevamente no ha sido tenido en cuenta: la voz del docente.

Corresponde entonces capacitarlo también en cuanto al conocimiento sobre la prevención y detección de sus propios trastornos emergentes del ejercicio de la profesión cuando desconoce las normas para el correcto manejo de su voz. Pero también es conveniente que sepa actuar como agente de salud de sus alumnos, en este caso con respecto al reconocimiento precoz de sus problemas fonoaudiológicos. Debe poder reconocerlos para efectuar una pronta derivación del alumno al profesional médico y al mismo tiempo, debe saber cómo desenvolverse para poder ayudarlo eficazmente en el aula.

¿De qué le sirve al docente estar al tanto de las últimas novedades en educación si no puede aplicarlas en clase porque su voz es inaudible, y su estado de salud deficitario?

También, ¿de qué le sirve al alumno que su maestra esté actualizada desde el punto de vista pedagógico, si él padece trastornos para oír, hablar o respirar correctamente, de los que nadie se ha percatado?

Teniendo en cuenta la gravedad de estos problemas por su incidencia actual y futura, subrayamos la necesidad de concientizar al docente —y también a los padres— para lograr su eficaz desenvolvimiento con respecto a los trastornos en la comunicación oral que pueden darse dentro del ámbito escolar y también doméstico.

Esta es la razón que nos ha impulsado a escribir Trastornos en la Comunicación Oral.

Apéndices

Apéndice I

La docente puede ayudar a sus alumnos de jardín de infantes, preescolar o de los primeros grados con problemas fonoaudiológicos haciéndoles practicar en forma de juegos los siguientes ejercicios para agilizar la movilidad de lengua, labios y paladar blando, así como respiratorios, en especial de soplo. Esta ejercitación ha sido inspirada en Agustoni y otros. También hemos agregado ejercicios para los hombros y cuello.

Ejercicios linguales

Se sugiere marcar un determinado ritmo que acompañe el movimiento de la lengua. Será lento al principio y más rápido después.

Pintar el cielorraso: deslizar la punta de la lengua sobre el paladar de adelante a atrás.

Barrer el dormitorio: mover la punta de la lengua de adentro hacia afuera, colocándola por detrás de los alvéolos inferiores.

Las escondidas: entrar y sacar la lengua.

Las estatuas: mover la lengua de una comisura labial a otra.

Trompo: mover la punta de la lengua en círculo, tocando los labios.

Limpiar los vidrios del auto: mover la punta de la lengua de derecha a izquierda por el labio inferior, luego repetir con el superior.

Camión de transporte: hacer vibrar la lengua que está hacia afuera de la boca.

Norte, Sur, Este y Oeste: mover la punta de la lengua sobre los labios en las 4 direcciones.

Yo como bombones: cerrar la boca y hacer que la punta de la lengua empuje las mejillas.

Yo como helado: sacar y entrar la lengua en forma cóncava.

Se me pegó el chicle: colocar la punta de la lengua entre los dientes superiores y el labio superior; hacer lo mismo con el labio y los dientes inferiores. Hacerlo en círculo de izquierda a derecha y viceversa.

Caballito: imitar el ruido de "Hico caballito".

La lechuza: chistar.

El corcho de la botella salta: imitar el sonido.

La señora gorda sale: sacar y entrar la lengua, ancha.

La señora gorda se va dormir: relajar la lengua apoyada en el piso de la boca.

La señora gorda se cuelga del balcón: relajar la lengua colgando hacia afuera de la boca.

La señora gorda sube por la escalera y se cae: doblar la lengua para arriba y desdoblar con fuerza.

Yo canto: emitir con distinta velocidad y entonación: Lá, la, la. La, lá, la. La, la, lá.
(Lo mismo con Ta y Da.)
Mascar.
Tragar.
Silbar entre dientes.
Toser.
Estornudar.

Ejercicios labiales

Me escondo: hacer que el labio superior envuelva al inferior y viceversa.

Coche de carrera: producir vibración prolongada.

Coche que no arranca: producir vibraciones intermitentes.

Boca de pececito: colocar los labios hacia adelante, abrirlos y cerrarlos.

¡Ay, me mordí!: morder el labio superior varias veces, morder el labio inferior varias veces, alternar.

El lorito Pepe: emitir "Pepe" varias veces, reforzando el sonido "p".

El payaso: colocar los labios juntos, proyectarlos, sonreír con boca cerrada.

El equilibrista: colocar un lápiz, bolígrafo, pajita, etc. entre el labio superior y la nariz sosteniéndolo así para que no se caiga; primero sin mover la cabeza, después moviéndola.

Estoy fumando: manteniendo los dientes apretados, colocar entre los labios un lápiz largo y mantenerlo sin que se caiga; primero con la cabeza firme, después moviéndola.

Quiero reventar el globo: inflar los carrillos, golpear con la palma de las manos primero sólo el lado derecho repetidamente, después sólo el lado izquierdo repetidamente; hacerlo en forma alternada. A continuación del cuarto golpe, dejar salir el aire con fuerza.

Besitos: sin mover la cabeza dar besos con los labios en protrusión hacia afuera, arriba, abajo, derecha e izquierda; lo mismo con labios hacia adentro. Alternar:

Me hago buches: inflar los carrillos y hacer buches repetidamente a la izquierda, después a la derecha y finalmente en forma alternada.

Yo canto: Ee-oo. Ii-oo (como pág.198).

Ejercicios de paladar blando

Soy un globito: hinchar los carrillos.

Soy un monito: comprimir con fuerza los labios mientras el aire dentro de la boca presiona por salir.

Me aclaro la garganta (carraspeo), toser, hacer gárgaras, tararear canciones con boca cerrada y con boca abierta; imitar el sonido que producen un gong [gon] y una campana [dih], bostezar con boca cerrada y con boca abierta.

Ejercicios de respiración costoabdominal

La base de todos estos ejercicios es siempre la misma: inspiración, retención del aire, espiración del mismo. Lo que puede cambiar es el ritmo (rápido o lento) y la fuerza del soplo (suave, fuerte), siguiendo siempre las pautas de la respiración costoabdominal.

a) En posición acostada: soplo una abeja (mosquito, mosca, etc.) en el cielorraso.

b) En posición sentada: soplo una vaquita de San Antonio en la cortina.

Identificación de olores y respiración: hacer oler en forma rítmica frasquitos que contienen yerba, café, queso, lavandina, chocolate, cera, etc. Hacer lo mismo con una flor natural (rosa, clavel, jazmín) cuyo perfume es fácilmente detectable o con una flor artificial perfumada previamente.

c) En posición sentada o de pie: silbar, emitir sonidos musicales con la flauta, armónica, quena, etc., soplar silbatos, inflar globos.

Soplar pompas de jabón, veletitas, trocitos de algodón, pelotitas, etc. a medida que el niño se va alejando de los mismos, mediante soplo brusco y corto.

Desplazar al máximo globos o figuritas colgando de un hilo en el aire, mediante soplo prolongado y suave.

Soplar la llama de una vela manteniéndola baja o inclinándola hacia la derecha o la izquierda sin que se apague.

Soplo fuerte, suave, interrumpido, prolongado.

Apagar de un soplo la llama de una vela o fósforo.

Soplar a través de una pajita en un vaso de agua.

Llenar un pequeño bol con papelitos y soplar.

Soplar un papelito o figurita con fuerza contra la pared y retenerlo allí.

La ejercitación c) puede hacerse solamente en forma individual o también en forma de competencia.

Ejercicios de hombros

Practicar el gesto de "A mí qué me importa".

Con la cabeza colgando sobre el pecho, subir y bajar los hombros rítmicamente.

Con la cabeza derecha, mover los hombros alternativamente hacia atrás y hacia adelante en movimiento circular manteniendo la cabeza fija.

Ejercicios de cuello

Pretendiendo ser un pajarito, se explica a los más chiquitos:

Soy un pajarito. Tengo mucho sueño. Clavo el pico en mi hombro (izquierdo) (nariz perpendicular al hombro izquierdo). Ahora muevo la cabecita (rotación lenta) hacia el otro hombro (derecho) y clavo allí el pico. Repito. Soy otro pajarito. También tengo mucho sueño. Levanto la cabecita y miro al cielo, pero se me cae sobre el pecho. Repito.

Ahora soy una lechuza. Lentamente muevo la cabeza de izquierda a derecha y de derecha a izquierda todo lo posible, sin forzar. Repito. Como soy una lechuza muy curiosa, quiero ver todo lo que pasa. Entonces estiro mi cuello largo, largo hacia adelante. Vuelvo a posición anterior. Repito.

Otros:

Muevo la cabeza en redondo izquierda, arriba, derecha, abajo. Repito. Hago lo mismo empezando por la derecha. Repito.

Bamboleo la cabeza en movimiento pendular, primero con el cuerpo en posición erecta. Repito. Después con cabeza y tronco colgando hacia abajo. Repito.

Apéndice II

Barrido general para dislalias

Éste es un método individual y rápido para detectar la posible presencia de dislalias. Consiste en que el docente lea una lista de frases utilizando determinados sonidos, que el alumno a su vez debe repetir. Se utilizan dos hojas de papel. Una, en la que figura la lista de las frases. Otra, en la que se consignan los datos personales de cada alumno (nombre y apellido, edad, grado que cursa, nombre de la escuela y nombre del docente a cargo del test). El resto de la hoja está dividido en tres casilleros.

A saber:

I. Representación simbólica del sonido.

II. Frase utilizándolo.

III. Emisión. C (Correcta), I (Incorrecta).

Ejemplo:

I	II	III
Sonido de letra M	Mi mamá me ama	C

El docente enuncia cada frase articulando en forma clara, pero no exagerada. El alumno repite una sola vez. El docente no evalúa oralmente lo que hace el alumno, simplemente escribe C o I en la columna correspondiente.

Si como resultado de este test se sospecha la presencia de dislalias, se procede a llevar a cabo el procedimiento que se detalla en el Apéndice III mediante el cual se podrá confirmar no sólo la presencia de dislalias sino su posición inicial, intermedia o final, o rechazar esta sospecha totalmente.

Frases para el barrido de dislalias

B	La beba bobita
C	La cuna calentita
CH	El chancho chiquito
D	El dedito dormilón
F	Alfonso es feo y flaquito
G	Gubón, el gatito glotón
J	El viejito Javier
K/C/Q	La casita de caramelo
L	La lauchita de cola larga
M/N	Monono, el monito
Ñ	Los ñoquis de Ñaña
P	El pony Pin Pan Pon
R	El lorito Alfredo
RR	Roque, el burrito
S	No amases con sal
T	La tía Teresa toma té
Y	Yeyé me ayuda
X	El xilofón de Axel

Secuencias consonánticas en una o en dos sílabas

PR	Mi primito preguntón
FR	La fruta está fría
RN	La carne tiernita
GL	El globo azul
GR	El pajarito gris de Graciela
RG	El caminito largo
MP	El campito en la pampa

RD	El gordito comilón
FL	La florcita de Flavia
RT	La torta tan rica
XT	El libro de texto
SC	El frasco con agua fresca
DR	El dromedario grandote
TR	El trueno hace "¡Trum Trum!"
BL	Blanca habla a Blas
etc.	

Conviene recordar que en cada una de estas frases el docente evalúa solamente el sonido consignado en el título y no los demás.

Apéndice III

Elaboración de un *test* de articulación destinado para alumnos de preescolar y de primer grado.

Trabajo práctico para ser realizado por los estudiantes del profesorado

Dicho test consiste en los siguientes pasos:

1. Distribuir las vocales, diptongos, consonantes y combinaciones de consonantes entre los estudiantes.
2. Cada estudiante elabora una lista de palabras monosilábicas o bisilábicas utilizando cada sonido o combinación en posición inicial, intermedia y final, de ser posible.
3. Dibuja con colores alegres y pinta o recorta los elementos que ilustren la palabra conteniendo el sonido.
4. Monta esta ilustración en cuadrados de cartón o de cartulina de 10 cm x 10 cm.
5. Atrás de cada cartón escribe con letra de imprenta lo siguiente:
    a) El sonido como título.
    b) La palabra que lo contiene como subtítulo.
    c) Una o dos preguntas guía o cortas explicaciones al respecto, tipo "Brilla en el cielo de noche y es una sola" o "Nos da la leche y hace 'mu'".

Ejemplo:

Representación alfabética del sonido: "C", "Q", "K".

Representación fonética del sonido: [K].

Posición: inicial.
Anverso del cartón: dibujo de una cama hecho en
                        papel glacé.
Subtítulo: Cama.
Posición: inicial.
Texto: Nos acostamos a dormir en la...

Procedimiento

Se muestra el dibujo del cartón al alumno y se lee el texto que éste debe completar oralmente.

En la situación real de tomar un test, este procedimiento se lleva a cabo individualmente cuando el docente quiera confirmar la presencia de dislalias en un alumno determinado.

Ambos se colocarán frente a frente con una mesa en el medio, donde están ubicadas las tarjetas ilustrativas y un papel donde el examinador tildará la pronunciación correcta y marcará con una x la incorrecta.

Por ejemplo:
Sonido D

Posición inicial	Posición intermedia	Posición final
✓	✓	X

Lista guía de sonidos

1. Vocales	2. Consonantes	3. Diptongos

ae - ai - ao - au
ea - ee - ei - eo - eu
ia - ie - io - iu
oa - oe - oi - ou
ua - ue - ui - uo

4. Combinaciones consonánticas

pr - dr - cr- br - fr
pl - bl - fl - cl
gl - gr - tr - tl - etc.

Se estima conveniente y, más aún necesario, que cada docente que trabaje con niños del preescolar o de los primeros grados elabore sus propios cartones para evaluar la pronunciación de sus alumnos, especialmente en caso de dudas sobre la misma.

Conviene recordar, sin embargo, que, incluso en el primer grado, pueden ser consideradas algunas dislalias dentro de los límites de la normalidad, y ser superadas en el transcurso del año escolar.

Apéndice IV

Selección de poesías y rimas infantiles para la práctica de determinados sonidos

Resulta fácil inventar ejercitación corta y simple para la práctica y corrección de dislalias. Por ejemplo:

Sonido de la letra RR:	Roque rema en el río.
Sonido de la letra S:	Susy y Sara suben a la azotea.
Sonido de la letra G:	Águeda, la gatita, toma leche gota a gota.

Sin embargo, creemos más conveniente utilizar poesías verdaderas que gustan e interesan más a los niños por su musicalidad y contenido.

Este Apéndice consta de una selección de poesías y rimas infantiles argentinas o de habla hispana en general, que consideramos de utilidad para la práctica de distintos sonidos en el jardín de infantes.

(Sonidos nasales m, n, ñ)

Arrorró para la nena

Nina, nena, nana,
a dormirnos ya.
¡Ay qué sueño tengo!
Voy a bostezar.

Nina, nana, nena,
nena de mamá,
nana, nina, nena,
nena, nina, naaaa.

En: *Canciones de Mari Alas*, de María Alicia Domínguez, "Serie para escuchar y para hablar", Plus Ultra, 1995.

Ésta es una historia (Sonido ch)

Ésta es
una historia
de hojas
chiquitas
de helecho
serrucho
que charlan
juntitas
todas
verdecitas,
nunca
se pelean,
chillan,
chacotean
y se quieren
mucho.

En: *El arbolito Serafín*, de María Hortensia Lacau, "Serie para escuchar y para hablar", Editorial Plus Ultra, 1980.

Pepito se come su papa (Sonido p)

Pepito y su papa
la Pepa pintó

papito y su pipa
y sanseacabó.

En: "Serie para escuchar y para hablar", Clara Solovera, Editorial Plus Ultra, 1974.

Villancico (adaptación) (Sonido p)

Tres palomitas
en su palomar
suben y bajan
al pie del panal.

Cancionero popular del NO argentino

Pito, Pito, mi Pablito,
¿a dónde vas tan solito?
A la Puna verdadera.
Pin, pon, fuera.

Rima infantil española (fragmento)

A la pin, a la pon.
A la hija del gallo pelón.
A la pin, a la pon.
Al hijito del gallo pintón.

Arrorró (Sonido rr)

Arrorró en el nido
lo canta el gorrión;
entre dulces trinos
arrulla al pichón.

En: "Muñeca de trapo", de Aída E. Marcuse, "Cuadernillos de aproximación del niño a la obra literaria". Guía didáctica. "Serie para escuchar y para hablar", Editorial Plus Ultra, 1974. Directora: Ione María Artigas de Sierra.

Adivinanza ("S") (Sonido s)

Pasea en la montaña,
pasea en el sendero
y sube sin zapatos
arriba de este dedo.
(El Sol)

En: "Serie para escuchar y para hablar", Editorial Plus Ultra, 1974. Directora: Ione María Artigas de Sierra.

Rima española (Sonidos r y rr)

En coche va una niña,
carabín.
Hija de un capitán,
carabín, run, rin
carabín, run, ran.

Poesía popular de Puerto Rico

Ambos a dos, matarile, rile, rile.
Ambos a dos, matarile, rile, ron.

Rimas españolas

Aserrín, aserrán
los maderos de San Juan.
Los del rey asierran bien.
Los de la reina también.
Los del duque
truque, truque.
Los del dique
trique, trique.
Arrorró mi niño,
arrorró mi sol,
arrorró pedazo
de mi corazón.

Sugerimos el siguiente material como ampliación de este Apéndice, el que, además, tiene el mérito de haber sido escrito directamente en castellano.

1. Agustoni, C.; López, A. y col.: *Dislalias funcionales*, Buenos Aires, Publicaciones Médicas Argentinas, 1988 (PUMA).
2. López, A. C.: *Rimas para hablar mejor*, Buenos Aires, Ed. PUMA, 1970.
3. López, A. C.: *Cuentos para hablar mejor*, Buenos Aires, Ed. PUMA 1981.
4. Nadal, B. S. de y Martínez Cerri, M. T.: *Foniatría con estímulo musical*, Buenos Aires, Ed. Ares, 1974.
5. Nicora, E.: *Reeducación ortofónica en base a poesías*, Buenos Aires, Ed. El Ateneo, 1985.

Otra posibilidad consiste en que los mismos alumnos inventen poemas cortitos

Puede procederse así:

El docente menciona un sonido y pide a los niños que digan palabras utilizándolo. Escribe en el pizarrón la lista de palabras que los alumnos le van proveyendo. Con ayuda del maestro, la clase selecciona las palabras por utilizar.

Con el vocabulario escogido, cada niño inventa un muy corto poema, que el docente escribe en el pizarrón.

El maestro lee en voz alta el primer poema.

La clase lee en voz alta el primer poema.

Cada alumno lo lee individualmente en voz alta.

Se sigue el mismo procedimiento para el resto de los poemas.

Apéndice V

Juegos que utilizan la práctica de sonidos y ejercitación de la memoria para la escuela primaria.

Ejemplo I: Sonido RR

La maestra pide a la clase nombres que utilizan el sonido RR, que va escribiendo en columna en el pizarrón. Lee en voz alta cada uno de los nombres, que la clase lee a continuación. Es decir, lee la docente una palabra, lee la clase la misma palabra, etc. Se borra la lista y comienza el juego, que la docente explica. Una niña dice: "Rosa mira a Enrique".

El alumno siguiente dice: "Rosa mira a Enrique y a Ricardo."

Hasta terminar los nombres que recuerden de la lista, agregando siempre uno más a la oración original.

Otro juego para el mismo tipo de ejercitación: "Viene un barco cargado de: rinocerontes, ratas, rubias, recetas", etc.

Otro: simulando hablar por teléfono, hacer un pedido al supermercado, "Rápido, necesito; arroz, jarras, rosas rojas, ruleros, herraduras, roscas, repollos, ristras de ajos, rabanitos", etc.

Ejemplo II: Sonidos S en posición inicial, intermedia y final.

"Leer" oraciones no escritas cuyos elementos (sustantivos, verbos, etc.) estén representados por compañeritos. La docente hace pasar al frente a varios niños, a quienes coloca uno a continuación del otro. Cada uno es una parte de la siguiente oración:

"Susana sale con Astrid y Hermes." También pasan al frente otros alumnos, los que serán " ¿ ", "?", "no", que se

211

ubican a un costado, listos para actuar. En este caso son 9 alumnos. La maestra hace "leer" las partes de la oración por separado, en forma discontinua. Una vez asociado cada niño con la función que le corresponde dentro de la oración, comienza el juego. Primero se realiza bajo la dirección de la docente, que cambia a los alumnos de lugar de acuerdo con las necesidades. La clase "lee" las oraciones así formadas. Es importante subrayar que no se usarán ningún tipo de cartelitos ni ningún otro elemento escrito. Luego pasarán alumnos a formar estas oraciones para que la clase "lea", en forma colectiva primero e individual después. Oraciones utilizando S en posición inicial, intermedia y final:

"Susana sale con Astrid y Hermes." "¿Sale Susana con Astrid y Hermes?" "Susana no sale con Astrid y Hermes."
"Astrid..."
"Hermes..."
Se sugiere utilizar estas oraciones mezclándolas, es decir:
"Astrid sale con Hermes y Susana."
"¿Sale Hermes con Susana y Astrid?"
etc.

Éste es un procedimiento que divierte a los niños, ejercitando también su memoria y que sirve obviamente para la práctica intensiva de un determinado sonido, S, en este caso.

Apéndice VI

Los estudiantes del profesorado, divididos en grupos, representarán escenas habituales de la vida escolar empleando los conocimientos aprendidos. A saber:

1. Entrevista de la docente con los padres de un alumno dislálico.
2. Ídem, con la madre de un alumno tartamudo.
3. Ídem, con la familia de un alumno hipoacúsico.
4. Ídem, con la directora de la escuela para convencerla

de que permita que una niña hipoacúsica asista a las clases como alumna regular.

5. Ídem, con los padres de una alumna disfónica.
6. Ídem, con la madre, ella misma disfónica, de una alumna con dicho problema.
7. Ídem, con otra docente, quien le aconseja acerca de cómo actuar frente a alumnos con determinados problemas fonoaudiológicos en el aula.
8 Ídem, con otra docente quien recaba información y explica su problema de la voz.
9. Ídem, con sus alumnos, compañeros de un niño fisurado o con alguna otra patología fonoaudiológica.
10. Ídem, con los padres de un alumno respirador bucal o que se chupa el pulgar.
11. Ídem, con un grupo de padres que no quieren que un niño tartamudo o con cualquier otro problema fonoaudiológico sea compañero de clase o de banco de su hijo.

Bibliografía

Akira, S. en Hewes, G. W., *Current Anthropology*, Vol. 14, 1-2, 1973.

Adamowsky de Gutkowky, N. B., *Fonoaudiológica*, Vol. 33, enero-abril, 33, 1987.

Agustoni, C. H., *Guía gráfica para niños pequeños. Disfónicos y respiradores bucales*, Buenos Aires, PUMA, 1983.

Alonso, A., Prólogo de *Saussure y los fundamentos de la lingüística*, de Sazbon, Buenos Aires, Centro Editor de América Latina, 1976.

Andersen, V., *Improving the Child's Speech*, Oxford University Press, 1953.

Anfinsen, CH., *Bases moleculares de la evolución*, Buenos Aires, EUDEBA, 1965.

Arensburg, A. y col., *Nature*, Vol. 338, 1989.

Behares, L. E., *Fonoaudiológica*, 33, 1, enero-abril, 13, 1987.

Berham, R. E. y Vaughan, V. C. en Nelson, *Tratado de pediatría*, México, Ed. Interamericana, 1986.

Boone, D. R., *La voz y el tratamiento de sus alteraciones*, Buenos Aires, Ed. Médica Panamericana, 1987.

Boullon, M. M. PRONAP '97', módulo 14, 11, 1997.

Brain, L., *Speech Disorders*, Londres, Butterworths, 1965.

Brödel, M., *Three Unpublished Drawings of the Anatomy of the Ear*, Philadelphia, W. B. Saunders, 1946.

Broshnaham, L. F. y Malmberg, B., *Introduction to Phonetics*, Cambridge, Cambridge University Press, 1975.

Buhler, K., *Teoría del lenguaje*, Madrid, Alianza Universidad, 1985.

Burling, E., *Current Anthropology*, Vol. 34, 1, 1993.

Bustos Sánchez, I., *Reeducación de problemas de la voz*, Madrid, CEPE, 1991.

Camps, V., en Blecua: *¿Qué es hablar?* Barcelona, Aula Abierta, Salvat, 1982.

Casiraghi, J. C., *Anatomía del cuerpo humano*, III, IV, Buenos Aires, Ursino, 1980.

Castorino, R. O. de *La adquisición de la lengua en el discapacitado auditivo*, Buenos Aires, Magisterio del Río de la Plata, 1990.

Castro, A. *La peculiaridad lingüística rioplatense y su sentido histórico*, Buenos Aires, Losada, 1941.

Chapman, A., *Fonoaudiológica*, 33, 1, enero-abril, 2, 1987.

Chomsky, N., *Aspects of the Theory of Syntax*, Mass., The MIT Press, 1965.

—— en Lenneberg, Ed. *Biological Foundations of Language*, Nueva York, 1967.

——*Knowledge of Language: Its Nature, Origin and Use*, Greenwood Press, 1986.

Cooper, M., *Modernas técnicas de rehabilitación vocal*, Buenos Aires, Ed. Médica Panamericana, 1979.

Corredera Sánchez, T., *Defectos en la dicción infantil*, Buenos Aires, Ed. Kapelusz, 1949.

Cossio, P. y col., *Medicina interna*, Buenos Aires, Ed. Medicina, 1982.

Cowes, L., *Tratamiento de las tartamudeces*, Patología de la comunicación, Suplemento 5, CEMEFA, PUMA, 1980.

Cuschnir, S. R., *The Measurement of the Aural Comprehension of English as a Second Language*, Tesis original e inédita, Austin, The university of Texas, 1957.

D' Elía, N., *Evaluación de la función auditiva que incide en el aprendizaje escolar*. En Lengua, lenguaje y escolaridad.

Schrager, Buenos Aires, Ed. Médica Panamericana, 1985.

Fairman, S. C., *Fonoaudiológica*, 17, 1, 50, 1971.

—— *Limen*, 51, 106, 1975.

—— *Magisterio del Río de la Plata*, Revista de Educación y Cultura. año 8, 2, 1993, 21.

—— *Revista de Educación para la libertad*, 14, 52, 1997.

Farenga, A. J., *Limen*, 58, 8, 1977.

Fletcher, P., *Nature*, Vol. 350, April, 1991.

Freixas, M. S., Soc. Arg. Ped. *PRONAP 94*, Módulo 3, 533, 1994.

Fry, D. B., *Fonética experimental*, Curso de postgrado, CONICET, 1974, (original e inédito).

Gibbons, A., *Science*, Vol. 256, 1992.

Garde, E., *La voz*, Buenos Aires, Ed. Siglo XX, 1979.

Gimson, A. C., *An Introductión to the Pronunciation of English*, Londres, Edward Arnold, 1980.

González, J. N., *Una clasificación de los trastornos no lesionales de la articulación del habla*, En Lengua, lenguaje y escolaridad.

Gordon Childe, V., *Los orígenes de la civilización*, México, Fondo de Cultura Económica, 1986.

Hampel, E., *El bloqueo en la tartamudez*, Buenos Aires, Ed. Médica Panamericana, 1986.

Hewes, G. W., *Current Anthropology*, Vol. 14, 1-2, 1973.

Hib, J., *Embriología Médica*, Buenos Aires, El Ateneo, 1984.

Holloway, R. en Leakey, *El nacimiento del lenguaje*.

Husson, E., *El Canto*, Buenos Aires, EUDEBA, 1965.

Illingworth, R. S., *El niño normal*, México, El Manual Moderno, 1983.

Isaac, G., *En Origins and Evolution of Language and Speech*, Annals of the New York Academy of Sciences, Vol. 280, Eds. Harnard, Steklis y Lancaster, 1976.

Iturburu, D., *Orientación Médica*, XVII, 820, 793, 1968.

Jakobson, R., *El marco de lengua, lenguaje y estudios literarios*, México,

Fondo de Cultura Económica, 1988.

Jaynes, J. en *Origins and Evolutions of Language and Speech*.

Johanson, D. y Maitland, E., *El primer antepasado del hombre*, Ed. Sudamericana- Planeta, 1982.

Johnson, W., *Speech Handicapped School Children*, Nueva York, Harper & Bros, 1948.

Jonas, D. F. en Kranz *Current Anthropology*.

Katz, J. J., *La realidad subyacente del lenguaje y su valor filosófico*, Madrid, Alianza Editorial S. A., 1975.

Kenyon, J. S., *American Pronunciation*, Ann Arbor, George Wahr Publishing Co., 1951.

Knopoff, S. y col. *Informe de la evaluación fonoaudiológica en el nivel inicial*. Jornadas de Salud Escolar. Municipalidad de la Ciudad de Buenos Aires, 1994. (Trabajo original e inédito).

Koupernik, C., *Desarrollo psicomotor de la primera infancia*, Barcelona, Paideia, Ed. Luis Miracle, 1967.

Kranz, G. S., en Hewes, *Current Anthropology*.

—— *Current Anthropology*, Vol. 21, 6, 1980.

Laitman, J., *Mundo Científico*, Vol. 6, 64, 1182.

—— en *Origins and Evolution*.

Leakey, R., *National Geographic Magazine*, 819, 1973.

—— *La formación de la humanidad*, Tomo II, Ed. del Lerbal,1981.

Le Gros Clark, E. E., *Historia de los primates*, Buenos Aires, EUDEBA, Cuaderno 85, 1984.

Lenneberg, E. H., *Fundamentos biológicos del lenguaje*, Madrid, Alianza Universidad, 1985.

Lieberman, P., *Uniquely Human: The Evolution of Speech, Thought and Selfless Behaviour*, Harvard University Press, 1991.

Linden, E., *Monos, hombres y lenguaje*, Madrid, Alianza Universidad, 1985.

Lischetti, M. y col., *Antropología*, EUDEBA, Buenos Aires, 1987.

López, A. C., *Rimas para hablar mejor*, Buenos Aires, Ed. PUMA, 1970.

—— *Cuentos para hablar mejor*, Buenos Aires, Ed. PUMA, 1981.

López Gil, M. y col. *Introducción al conocimiento científico*, Buenos Aires, CBC, UBA, 1987.

Loprete, C., *El lenguaje oral. Fundamentos, formas y técnicas*, Buenos Aires, Ed. Plus Ultra, 1984.

Löwe, A., *Detección, diagnóstico y tratamiento temprano en los niños con problemas de audición*, Buenos Aires, Ed. Médica Panamericana, 1982.

Makinistian, A. A., *El proceso de Hominización*, Buenos Aires, Ed. Almagesto, 1992.

Malmberg, B., *La Fonética*, Buenos Aires, EUDEBA, 1964.

Mc Bride, R., en Hewes, *Current Anthropology.*

Marshack, A. en *Origins and Evolution.*

Montagu, A. en *Origins and Evolution.*

Morgan, M., *Nature*, Vol. 356, 754, 1992.

Morris, D., *The Naked Ape*, Nueva York, Ed. Dell, 1969.

Moure Romanillo, J. A., *El arte paleolítico: Manual de Prehistoria Universal*, Madrid, Ed. Nájera, Vol. 1, 188, 1988.

Nadal, B. S. y Martínez Cerri, M. T., *Foniatría con estímulo musical*, Buenos Aires, Ed. ARES, 1974.

Nassr, R. T., *The Essentials of Linguistic Science*, Essex, Longman, 1977.

Nicora, E., *Reeducación ortofónica en base a poesías*, Buenos Aires, El Ateneo, 1985.

Nottebohm, F. en Hewes *Current Anthropology.*

Oldfield, R. C. y Marshall, E., *Language*, Penguin Modern Psychology, 1968.

O'Connor, J. D., *Phonetics*, England, Penguin Books, 1978.

Chevalier, B. P., *En Lengua, lenguaje y escolaridad.*

Piaget, J. y col., *El lenguaje y el pensamiento del niño pequeño*, Buenos Aires, Biblioteca del Educador Contemporáneo, XXV, Ed. Paidós, 1965.

Pichon, E., *Le developpement psychique de l'enfant et de l'adolescent*, París, Mason & Cie., 1947.

Piveteau, J., *El origen del hombre*, Buenos Aires, Hachette, 1962.

Quirós, J. B. de y Götter, T., *El lenguaje en el niño*, Buenos Aires, CEDIFA, 1964.

Quirós, J. B. y Gueler, R., *La comunicación humana y su patología*, Buenos Aires, CMI, 1966.

——— *Los grandes problemas del lenguaje infantil*, Buenos Aires, CEMIFA, 1969.

Quirós J. B., D. Elía, N. y Perícoli, *Consideraciones sobre defectos de articulación. El método Morley*, Patología de la comunicación, Suplemento 7, CEMIFA, Buenos Aires, PUMA, 1978.

——— Cowes, L. y Schrager, O. *Patología de la comunicación. Tratamiento de las tartamudeces*, Suplemento 5, CEMIFA, Buenos Aires, PUMA, 1980.

Rodríguez, R. E. y Ashkar, E., *Fisiología humana*, Buenos Aires, López Libreros Eds., 1983.

Rojo, H. C. de, *Deglución atípica*, Buenos Aires, PUMA, 1993.

Rosales, R. A., *El docente disfónico como paciente foniátrico*, VII Congreso Argentino de Logopedia, Foniatría y Audiología, Buenos Aires, 1979. Original e inédito.

——— y Servicio de Fonoaudiología OSPLAD, *Campaña "OSPLAD va a la escuela"*, 1966. Original e inédito.

Rouvière, H., *Anatomía humana. Descriptiva y topográfica*, Madrid, Baillere, 1987.

Sapir, E., *El lenguaje*, México, Fondo de Cultura Económica, 1977.

Saussure, F. de, *Curso de lingüística general*, Ed. Losada, 1945.

Sazbón, J., *Saussure y los fundamentos de la lingüística*, Buenos Aires, Centro Editor de América Latina, 1976.

Schrager, O., Director y col., *Lengua, lenguaje y escolaridad*, Buenos Aires, Editorial Médica Panamericana.

—— y D. Elía, N., *Fonoaudiológica*, 33, 1, enero-abril, 36, 1987.

Segovia, M. E., *Interrelaciones entre la odontoestomatología y la fonoaudiología*, Buenos Aires, Ed. Médica Panamericana, 1977.

Segre, R., *Tratado de Foniatría*, Buenos Aires, Paidós, 1955.

—— y Naidich, S., *Principios de Foniatría*, Buenos Aires, Ed. Médica Panamericana, 1981.

Sibbald, A. D., *Soc. Arg. de Pediatría*, PRONAP 96, Módulo 3, 35, 1996.

Sierra, I. M. A., *Serie para escuchar y para hablar*, Buenos Aires, Plus Ultra, 1985.

—— *Libro práctico de lectura para 2.° grado*, Buenos Aires, Ed. Plus Ultra, 1986.

—— *Libro práctico de lectura para 6.° grado*, Buenos Aires, Plus Ultra, 1986.

Sinelikov R. D., *Atlas de anatomía humana*, I, Moscú, 1981.

Steklis, H. D. en *Origins and Evolution*.

—— y Raleigh, M. J. en Hewes *Current Anthropology*.

Tapia, A., *Filogenia de la comunicación*, Seminario, Departamento de Fonoaudiología, Facultad de Medicina, UBA, 1995. Original e inédito.

Tato, J. M., *Examen de audición. (Test)*, en Freixas, Fracaso escolar.

Testut, L. y Latarjet, A., *Tratado de anatomía humana*, III, Madrid, Ed. Salvat, 1954.

Thompson, V. y col., *Compendio de Otorrinolaringología*, Buenos Aires, Ed. El Ateneo, 1982.

Van Riper, CH., *Speech Therapy*, EE. UU., Prentice Hall, 1958.

—— *Speech Correction. Principles and Methods*, EE. UU., Prentice Hall, 1990.

Vigotsky, L., *Pensamiento y lenguaje*, Buenos Aires, Ed. La Pléyade, 1977.

Wallman, J., *Aping Language*, Cambridge, Cambridge University Press, 1992.

Washburn, S. L., en Hewes *Current Anthropology*.

Weisz, P. B., *La ciencia de la biología*, Barcelona, Ed. Omega, 1984.

Zubizarreta, J. y col., *Guía de trabajos prácticos en otorrinolaringología*, Buenos Aires, Ed. Ursino, 1982.

Índice

ÍNDICE DE ILUSTRACIONES

Se terminó de imprimir en el mes de abril de 1998
en el Establecimiento Gráfico **LIBRIS S.R.L.**
MENDOZA 1523 (1824) • LANÚS OESTE
BUENOS AIRES • REPÚBLICA ARGENTINA